***ACCESO GRATIS** a la Lectura en la Nube*

Para visualizar el libro electrónico en la nube de lectura envíe junto a su nombre y apellidos una fotografía del código de barras situado en la contraportada del libro y otra del ticket de compra a la dirección:

ebooktirant@tirant.com

En un máximo de 72 horas laborales le enviaremos el código de acceso con sus instrucciones.

La libertad en el pensamiento occidental

Procedimiento de selección de originales, ver página web:

www.tirant.net/index.php/editorial/procedimiento-de-seleccion-de-originales

Flávio Pansieri

La libertad en el pensamiento occidental

Tomo I: Desde la antigüedad hasta el medievo

tirant humanidades

Valencia, 2024

EDITA: TIRANT LO BLANCH
C/ Artes Gráficas, 14 - 46010 - Valencia
TELFS.: 96/361 00 48 - 50
FAX: 96/369 41 51
Email: tlb@tirant.com
www.tirant.com
Librería virtual: www.tirant.es
ISBN: 978-84-1183-655-5
MAQUETA: Analu Brettas

Si tiene alguna queja o sugerencia, envíenos un mail a: *atencioncliente@tirant.com*. En caso de no ser atendida su sugerencia, por favor, lea en *www.tirant.net/index.php/empresa/politicas-de-empresa* nuestro procedimiento de quejas.

Responsabilidad Social Corporativa: http://www.tirant.net/Docs/RSCTirant.pd

Índice

A conquista da liberdade é algo que faz tanta poeira,
que por medo da bagunça, preferimos, normalmente,
optar pela arrumação.

Carlos Drummond de Andrade

Presentación

La presente colección, titulada LA LIBERTAD EN EL PENSAMIENTO OCCIDENTAL, tiene como objetivo presentar al lector la noción de libertad contenida en las obras de algunos de los principales pensadores del Occidente de los últimos dos milenios.

Este trabajo se centra en el lector que aprecia los enfoques filosóficos, políticos y legales de los temas fundamentales de nuestra vida cotidiana. Con un lenguaje directo y accesible, los textos buscan establecer el contenido básico acerca de la libertad dentro del pensamiento de cada autor. Teniendo como precepto un análisis descriptivo, sin olvidar chispas indispensables de criticidad, la propuesta es que el lector de esta obra se sienta capaz de dialogar con los autores y comprender las contribuciones particulares en la formación de las diversas líneas de pensamiento que tenemos hoy.

Cabe señalar que la selección de los pensadores occidentales analizados es el resultado de la elección del autor de esta colección y no pretende ser completa. Por lo tanto, no se pretende analizar a todos los filósofos y juristas que han escrito sobre la libertad en todo momento, ya que es una tarea hercúlea e irrealizable, ni se pretende entrar en todas las discusiones establecidas por ellos, sino solo aquellos contiguos y necesarios para la comprensión del tema de la libertad.

Es importante enfatizar que los libros que componen esta colección constituyen una lectura historicista de la filosofía política y legal y apuntan al Constitucionalismo Democrático como la opción legal y política ideal para nuestro siglo.

El propósito de la colección es demostrar que la libertad es el objetivo estructurante del Estado Demócrata y, como tal, no puede sufrir demasiada interferencia, excepto por las hipótesis que promueven su propia condición de agente. Entre la garantía de los derechos enunciados en los documentos normativos y la realidad de lo que va más allá de la teoría, el siglo XXI puede ser el momento de aproximación de estos dos locus, por el momento, más distintos de lo que uno anhela, de modo que la estructura de la libertad en el Estado contemporáneo fomenta el establecimiento de la igualdad al nacer y la libertad en la vida.

Finalmente, es relevante contextualizar que el autor pertenece a una generación que fue testigo de la caída del Muro de Berlín, el bicentenario de la Revolución Francesa y el fin de los gobiernos autoritarios. Tal generación nunca sintió ninguna ternura o nostalgia por estos regímenes, ya sea los que denominaron a sí mismos como de derecha o de izquierda. De manera similar, esta generación fue vacunada a temprana edad contra los discursos antidemocráticos que buscaban en la dicotomía libertad *versus* igualdad soluciones convencionales y perezosas que a veces parecen ignorar el fracaso histórico fundamental del centralismo, negándose a enfatizar los verdaderos motivos de su fracaso, cualesquiera que sean sus modelos o ideologías.

Al contrario de este espectro teórico, la idea es contribuir al debate sobre las instituciones sociales y políticas que fomentan una sociedad más justa, plural, igualitaria pero principalmente libre. Tal objetivo solo es posible en el contexto del Estado Constitucional Democrático, con reglas conocidas y aplicables a todos, en las que se respeten y promuevan los derechos y libertades. Mantener la premisa fundamental de *igualdad en el nacimiento* y *libertad en la vida*.

Finalmente, este libro es el resultado de un esfuerzo colaborativo en el ámbito de PUBLIUS, grupo de investigación del CNPq que tengo el honor de coordinar. Vinculada a la Academia Brasileña de Derecho Constitucional (ABDConst.) y a la prestigiosa Pontificia Universidad Católica de Paraná (PUC-PR), esta obra también se beneficia de una rica cooperación internacional. Es parte integral de un acuerdo establecido entre ABDConst. con la Universidad de Lisboa y la Universidad de Buenos Aires, lo que refleja un diálogo fructífero entre académicos de diferentes tradiciones jurídicas. En este sentido, no sólo avanza nuestra comprensión del fenómeno legal, sino que también fortalece los lazos de colaboración académica a través de fronteras.

Capítulo I

La libertad política para la antigüedad clásica

En el afán de dialogar con todos los períodos históricos para demostrar las diversas formas de lectura de la libertad, dada la condición polisémica del término, desde el período griego la base de nuestra tradición occidental de pensamiento filosófico ha regresado.

Este capítulo se dirige a la cultura helénica en la visión de tres grandes pensadores de este período: Sócrates, Platón y Aristóteles. Estos autores constituyen su filosofía en un período decadente de la *polis*, en el que la libertad era una expresión eminentemente política: libres solo eran aquellos que podían liberarse de las preocupaciones mundanas y asumir asuntos colectivos y participar en sus decisiones. Aunque Platón estaba desilusionado con la ciudad después de la condena de Sócrates, su preocupación era establecer la mejor forma de gobierno posible. La colectividad era una categoría central para el hombre griego, que solo podía alcanzar un *status* virtuoso en la vida pública en presencia de otros ciudadanos.

SÓCRATES

El umbral de la constitución del pueblo griego se produjo en el período pre-homérico, que se remonta a cuatro mil años, cuando los pueblos Hageo, Folios y Jónicos comenzaron una ocupación en los territorios ubicados al sur de los Balcanes. La aparición de la *polis* primitiva ocurrió en el período homérico, hace aproximadamente tres mil años. Siendo gregario, el hombre antes de la existencia es coexistencia y la base para la constitución de la ciudad es la expansión del número de familias en determinaciones específicas.

En esta dinámica de coexistencia entre varios grupos familiares distintos con sus propias tradiciones y reglas, es natural generar conflictos. Según Aristóteles (2000, pp. 206-207 y 245), Atenas nace como una monarquía debido a la dificultad de encontrar hombres virtuosos en pequeños grupos. Estos se convirtieron en reyes. Con el crecimiento de las ciudades y más hombres virtuosos aficionados a la práctica política, el gobierno de la ciudad se convirtió en comunal. Sin embargo, los virtuosos de antaño ahora obtuvieron grandes beneficios de la propiedad privada, lo que obligó al establecimiento de una oligarquía. De la Atenas oligárquica, se convirtió en una tiranía, pero sus estructuras se derrumbaron ante el intenso *gladius* entre los ricos. Aprovechando este factor, los atenienses conquistaron su democracia.

En 594 a.C., Solón, poeta y legislador griego, estableció leyes generales para gobernar a las diversas familias presentes en la *polis* a fin de crear el ambiente fundamental para su expansión. A lo largo de la historia de la ciudad, se crearon normas específicas que trataban cuestiones peculiares – relaciones contractuales y leyes penales generales –, además de la propia Constitución de Solón que había avanzado en el establecimiento de la estructura social bajo la cual la ciudad se desarrollaría. Su gran innovación fue la comunión de los elementos oligárquico (formados en el Consejo de Areópago, grupo que tomaba las decisiones estatales más importantes), aristocrático (la elección de los magistrados) e democrático (sistema judicial compuesto por ciudadanos de Atenas). Con Solón, la participación democrática floreció, ya que oligarcas y aristócratas ya tenían su parte de prerrogativas en Atenas.

En 510 a.C., Clístenes, político de carrera y sucesor de Solón, caracteriza a la *polis* como un espacio de ciudadanía para eliminar el poder despótico de las familias. Con este fin, creó instituciones para fomentar la participación cívica: cien ciudadanos formarían un *demos*, una unidad política básica; un conjunto de *demos* constituiría las *tritías*; y cada tres *tritías* se formaría una tribu. El propósito de esta disposición era instituir células institucionales y agrupaciones políticas: cada *demos* tenía sus asambleas, sus magistrados y sus festivales religiosos, el principal espacio social de la época. Se constituía la democracia griega, un poder descentralizado conferido a los ciudadanos. Clístenes también creó la *Boulé*[1], un consejo de quinientos ciudadanos elegidos al azar para participar, por un tiempo determinado, de los asuntos cotidianos de la *polis*, además de la *ekklesía*, el consejo de todos los ciudadanos. Tales instituciones formaban el amparo de la participación democrática ateniense.

La democracia en la ciudad-estado de Atenas se regía por dos principios elementales: la *isonomía*, la igualdad de todos los ciudadanos ante la ley, y la *isegoria*, que consta de dos premisas: i) que todos los ciudadanos[2] puedan expresar públicamente su opinión; ii) y además que su opinión sería analizada y considerada en el momento de la decisión colectiva. Por lo tanto, la característica principal de la política era la igualdad, en derechos y deberes, de cada ciudadano que estaba bajo los auspicios de una legislación común. Este acuerdo político constituyó la base fundamental para que, a mediados del siglo cuarto a.C., no solo Atenas, sino Grecia, de modo general, lograra su esplendor. s el período de Pericles y Heródoto, el apogeo de la filosofía y las Ciudades-Estado (Atenas, Esparta, Siracusa y Tebas).

Progreso de la *polis*, expansión de la democracia, surgimiento de la filosofía griega occidental. Comprender esta tradición construida en el siglo VI a.C. es necesario para trazar el panorama político y social en el que Sócrates nace y desarrolla su pensamiento. El punto principal de esta discusión, además de ser la base sobre la cual se pretende construir un concepto de libertad desde la Antigüedad hasta el período contemporáneo, es mostrar la vida cotidiana de la política y sus instituciones, algo que aún influye en el Occidente.

1 Como se discutirá más adelante, fue el consejo de ciudadanos, la Boulé, quien condenó a muerte a Sócrates.

2 En el capítulo dedicado a Aristóteles, se realiza un análisis detallado de la ciudadanía en Atenas. Lectura recomendada.

Para esto, se eligió el estudio de Sócrates, Platón y Aristóteles. Tal elección está justificada porque el primero fue la base del pensamiento platónico y los dos últimos fundaron las elecciones políticas del medievo – patrística y escolástica. El pensamiento de Aristóteles, en particular, marcó la transición del período medieval a la modernidad y sirvió de inspiración para los pensadores modernos.

MAYÉUTICA SOCRÁTICA COMO MÉTODO PEDAGÓGICO

Como es bien sabido, Sócrates no compuso y, en consecuencia, no dejó fragmentos escritos. Su método filosófico no era la constitución de textos sino el uso de la palabra. Sin embargo, su tradición y pensamiento fueron transmitidos a través de los siglos por sus discípulos y amigos (especialmente Jenofonte y Platón), constituyendo uno de los principales pilares del período clásico de la filosofía helénica. Según Werner Jaeger (1995, p. 499), una de las características más fundamentales encontradas en los contenidos atribuidos a Sócrates es la presentación de su "personalidad inmortal[3]", esta figura emblemática cuya muerte, en defensa de sus ideales, ha alterado en gran medida la relación de sus discípulos con la política de la época. Como se dijo, la ausencia de textos escritos por el propio

3 Jaeger (1995, p. 499-500) comenta que los discípulos de Sócrates que transmitieron el legado socrático también se preocupaban por detallar su figura como hombre, como persona. En otras palabras, "la herencia espiritual del maestro era inseparable de la personalidad humana de Sócrates". Para ello, estipulan un verdadero análisis antropológico y psicológico del maestro de Atenas. "Fue el estudio de la personalidad humana de Sócrates lo que llevó, por primera vez en la Antigüedad, a la práctica de la psicología individual, cuyo maestro más eminente es Platón. El retrato literario de Sócrates es la única imagen fiel, basada en la realidad viva de una gran y original individualidad que nos transmitió la época griega clásica. El ejemplo de Sócrates provocó en el concepto de *arete* (excelencia) un cambio, cuya conciencia se revela en el inagotable interés dedicado a una persona". Platón lo deja claro cuando, en su filosofía, se preocupa con la formación del hombre como reflejo para el desarrollo de la política.

Sócrates creó el problema insuperable de nunca poder sentar las bases de su pensamiento, ya que su filosofía fue legada a través de la interpretación de sus discípulos. Por lo tanto, encontrar los fundamentos socráticos pasa por un proceso legítimo de lapidación de conceptos y separación de lo que piensan y lo que sería la interpretación de su emisor. Además, para comprender la cuestión de la libertad en Sócrates es necesario trabajar en su método filosófico: la mayéutica.

El principal interlocutor de Sócrates fue Platón, que dedicó algunas obras sobre su maestro (como *Fedón*, *Apología* y *Protágoras*). Su discípulo testifica que el maestro ateniense nunca produjo una filosofía de la naturaleza, rompiendo con los pensadores de su época que encontraron en el cosmos el principio del orden humano – como Tales de Mileto, Heráclito, Pitágoras y Protágoras. Esto no significa que Sócrates despreciaba tal orden de pensamiento o sus predecesores, sino que se centró en otro aspecto: literalmente hablando, retira su mirada del cielo para sentar las bases de sus comprensiones en un enfoque terrenal que reúne al hombre en y en sus relaciones sociales, una contribución antropocéntrica que alteraría las direcciones engendradas por la filosofía desde entonces. Como recuerda Werner Jaeger (JAEGER, 1995, p. 518), "el hombre y la estructura del cuerpo humano son el punto de partida de sus conclusiones". Sócrates – y los sofistas – no buscaban certezas matemáticas o físicas al construir argumentos; por el contrario, suscitó grandes dudas sobre los asuntos más comunes.

Es apropiado señalar que, siendo un maestro de la política – una declaración corroborada tanto por Platón como por Jenofonte –, los métodos educativos de Sócrates también tenían objetivos políticos. Las cosas humanas, como informa Jaeger, necesariamente señalaban "al bien del conjunto social, del que dependía la vida del individuo. Un Sócrates cuya educación no fuera política no habría encontrado discípulos en la Atenas de su tiempo" (JAEGER, 1995, p. 540). En la época de Sócrates, los poemas de Homero (Ilíada, Odisea y Ulises) transmitían la noción de virtud, y los pensadores se ocupaban de una novación de "buen ciudadano". La virtud del buen ciudadano podría garantizar la continuidad de la *polis*. Por lo tanto, hay dos conceptos fundamentales que deben analizarse cuidadosamente para comprender la base de pensamiento de la época: el concepto del bien y de la virtud.

Una buena actitud significaba una acción que beneficiaba directamente a la *polis*; la virtud, a su vez, era la capacidad de destacarse entre todos por la excelencia de actitudes personales y peculiares (*areté*) y dicha excelencia se lograba mediante la repetición, por el entrenamiento. El virtuosismo es ser el mejor (*aristoi*) en el sentido de hacer lo mejor por el bien común. En Sócrates, estos valores como propósitos humanos serían lapidados por el método de la mayéutica, que se basaba en diálogos desarrollados en base al arquetipo de preguntas y respuestas sobre temas generales y universales – como la piedad, el coraje y el autodominio. Sócrates conducía a su interlocutor a pensar en los temas en discusión, exhortándolo (*protreptikos*) y preguntándolo (*elenchos*), es decir, persuadiéndolo con preguntas simples sobre la impresión correcta que tenía sobre el tema y llevándolo a nuevas interpretaciones y posibilidades aún no vislumbradas. La virtud socrática está en la razón y en su desarrollo. Su impulso es la duda.

Esta pedagogía socrática lo distanciaba mucho de los educadores de su época, los sofistas, que también buscaban explorar conceptos generales de la vida cotidiana institucional de la *polis* y de la vida de las personas. Sócrates, por un tiempo, también fue un sofista. Aunque algunos escritos actuales desmitifican la imagen empañada atribuida a la categoría de estos autores, la imagen sofística transmitida por la tradición filosófica es la antítesis exacta de la figura socrática esbozada por sus discípulos: mientras los primeros instruían solo a los hijos de los más poderosos – aquellos que tenían más recursos financieros para mantener esta educación cuyo enfoque estaba en desarrollar las habilidades para convertirse en dirigentes del Estado –, enseñándoles disciplinas específicas, Sócrates actuaba casi de forma anónima y sus indagaciones se centraban en cuestiones cotidianas oriundas de conversaciones espontáneas. Además, otro aspecto fundamental era la imagen de simplicidad de un ciudadano común que lo rodeaba, bastante diferente del aura distintiva a la que se proclamaban los sofistas, bastiones de la verdadera sabiduría.

Los sofistas todavía se consideraban maestros de la verdadera virtud, especialmente la virtud política. Creían en la posibilidad de lograr criterios absolutos para la forja del buen. Para los sofistas, el éxito en la política se debió a la elocuencia de su discurso y su retórica convincente. Como eran expertos en el uso de la persuasión, no había necesidad de una estrecha proximidad entre el discurso proclamado y las acciones emprendidas. Esto llevó a Sócrates a buscar la diferencia entre aquellos que parecían ser virtuosos y una verdadera virtud política, el gran principio motivador de su investigación[4]. Dos preguntas impulsaron sus indagaciones: ¿cuál es la excelencia propia do ser humano del ser humano y cómo debe llevar su vida el ser humano? La búsqueda de la verdad se produjo a través del diálogo (*dialegesthai*) y por la reflexión; la persuasión (*peithein*) fue la apreciación de cada opinión (*doxa*).

La excelencia humana se revela en las acciones reveladas en la *polis*. La actitud crítica ocurre cuando no se acepta ningún argumento, sino solo el mejor argumento después de un intenso debate y explicación. Para Sócrates, la reflexión y el diálogo son los medios por los cuales se resuelven las preguntas personales, dando lugar al término "conócete a ti mismo" (*gnothi seauton*) registrado en el Templo de Apolo en Delfos. Por lo tanto, es sobre la base de una reflexión preconstituida que nace una decisión, una verdad que servirá como timón para la acción futura. La búsqueda de la verdad, por lo tanto, tiene como objetivo que los seres humanos actúen bien para lograr la *eudaimonia*, un término que no tiene una palabra precisa en la traducción , pero se ha traducido como felicidad o buena vida.

De esta manera, la mayéutica socrática encuentra su fundamento legitimador, ya que, para actuar bien, uno debe saber lo que es bueno, y el papel del filósofo es precisamente ayudar a las personas a lograr el

4 Jaeger no deja dudas de que la virtud política es el objetivo principal de Sócrates. Cf.: 1995, p. 558-561.

bien mediante sus exhortaciones y preguntas[5]. Al reflexionar en busca de respuestas a las preguntas recalcitrantes de Sócrates, uno encontraría lo bueno y, por lo tanto, actuaría libremente.

DOS ÁMBITOS DE LIBERTAD

Tratar de la mayéutica es imprescindible para abordar el tema de la libertad. Es necesario aquí, ahora, distanciar la libertad para los griegos de la concepción moderna del término, inscrita en los documentos de las revoluciones burguesas del siglo XVII.

Werner Jaeger (1995, p. 549-551) señala que este ideal de libertad moderno que tiene un significado universal y trascendente, incluido el ideal de romper con la esclavitud perpetrada por la consolidación de las revoluciones industriales en Europa y América del Norte, no guarda relación con el helenismo. De hecho, la igualdad es el punto más importante para los griegos en el período clásico. La libertad es un término polivalente, característico del ciudadano, de la nación o del Estado, y que esencialmente tiene como fundamento epistemológico la oposición a la esclavitud. Ser libre no era ser esclavo, ni para otros individuos ni para las propias pasiones. Aunque la libertad a partir de la modernidad se convierta en un concepto político en exceso, los filósofos helénicos la interpretaron de dos maneras distintas: primero, la libertad está relacionada con la interioridad; y, en segundo lugar, la libertad moldeada en la política, en el espacio público, en oposición a la esclavitud.

5 Según Hannah Arendt (1993, p. 96-97), el papel del filósofo para Sócrates sería el de un moscardón, una especie de mosca que molesta a los animales. Esto significa que el filósofo es esa molesta figura que insta a las personas a revelar su verdad por reflexión. De esta manera, el pensador se aleja tanto de los sofistas, por no hacer preceptos absolutos, como de Platón, quien, como se discutirá más adelante, asigna al filósofo el papel de gobernante en su *Callipolis*, la ciudad perfecta.

La primera dimensión, la de la libertad interior, está relacionada con la visión de la educación y la instrucción a fin de proporcionar la contingencia y el autodominio. Para Sócrates, citado por Jenofonte, la educación política, dirigida a aquellos destinados a la vida pública, debe basarse en el dominio sobre sí. El sentimiento de deber debería colocarse antes que cualquier deseo físico y biológico (frío y calor, hambre y sed). Esto significa que solo los más comedidos podrían gobernar. Aquellos que no eran, es decir, que no podían soportar las restricciones de una vida excesivamente moderada, estarían en el grupo general de los gobernados. Según Jaeger (1995, p. 550-551), libre[6] era el hombre cuyos actos representaban la antítesis perfecta hacia aquellos que viven como esclavos de sus propias pasiones y apetitos.

La segunda cuestión se refiere a la relación entre liberación y libertad[7]. Ernst-Wolfgang Böckenförde sostiene que la división social griega consistía precisamente en el grupo de ciudadanos libres y no libres (BÖCKENFÖRDE, 2012, p. 32). La figura del esclavo era inmanente para la familia griega[8]. Aristóteles, en su obra *Política*, traza el perfil de la familia griega y distingue a las personas libres de esclavos. Va aún más lejos al clasificar la relación señorial como la del poseedor, en la que el esclavo pertenece al señor y está destinado a ser utilizado como una herramienta, sin personalidad propia (ARISTÓTELES, 2000, p. 148). Esta estructura familiar compuesta por el esclavo se convirtió en el instru-

6 Jaeger comenta que el término autonomía, que se usa más recientemente, encaja mejor con esta primera noción de libertad expresada por Sócrates.

7 A continuación, se abordará la filosofía aristotélica, que analiza mejor esta oposición. Aristóteles, al distanciarse de Sócrates y especialmente de Platón, no busca conceptos ideales para la *polis*, pero analiza Atenas por la construcción de sus instituciones reales. En otras palabras, un arquetipo inherente de ciudad.

8 Ernst-Wolfgang Böckenförde (2012, p. 33) estima que en el siglo V a. C, Atenas tenía 80.000 a 120.000 esclavos para una población de hasta 150.000 habitantes. Aristóteles reconoce la existencia de dos tipos de esclavitud: esclavos por convención, que son prisioneros de guerra, y los esclavos por naturaleza (ARISTÓTELES, 2000, p. 151-152).

mento que permitió la consolidación de la libertad en el entorno de la *polis*[9].

A diferencia del período moderno de la historia, la explotación del trabajo esclavo en la Antigüedad no pretendía conferir ventajas económicas a sus propietarios, sino liberar a los jefes de familia para que pudieran lanzarse a las discusiones políticas del *ágora*. Tal oposición entre ser un ciudadano libre y, por otro lado, estar atado al lastre de la esclavitud, formó el concepto del término liberal. Liberal, para los griegos, era simplemente las actividades realizadas por alguien libre.

PLATÓN

Las bases filosóficas del pensamiento de Platón están cercanas de la historia de su vida. Los matices de su pensamiento se concatenan con el momento histórico vivido por Grecia, a saber, la profunda decadencia de la democracia griega, además de los notables eventos que ocurrieron a lo largo de su vida, siendo el principal la muerte de Sócrates. Según Hannah Arendt, corroborada por autores como Werner Jaeger y François Châtelet, la condena de Sócrates por parte de los ciudadanos de Atenas tuvo un gran efecto en Platón. El hecho de que su maestro no convenciera a los jueces de su inocencia y desestimara las condenas que se le imputaron, llevó al discípulo a dudar de la validez del método socrático, alejándolo de la política.

Will Durant (2000, p. 36) recuerda que los jueces intentaron absolver a Sócrates, pero la gente fue responsable de su condena. Con esto, Platón ya no valida al gobierno democrático para reemplazarlo por la aristocracia del pensamiento, de modo que la esfera pública sería un arquetipo cuyo gran artífice fue el Rey-filósofo. De hecho, la vida política

9 Este tema se desarrollará más adelante en este capítulo cuando se aborde el pensamiento de Aristóteles.

en general ha sido reemplazada por la contemplación del mundo de las ideas.

> Nuestra tradición de pensamiento político comenzó cuando la muerte de Sócrates hizo que Platón se desencantara de la vida de la *polis* y, a la vez, dudara de ciertos principios fundamentales de la enseñanza socrática. El hecho de que Sócrates no hubiera podido persuadir a los jueces de su inocencia y valor, tan obvios para los mejores y más jóvenes ciudadanos de Atenas, hizo que Platón dudara de la validez de la persuasión. (ARENDT, 1993, p. 91).

Platón nació en una familia aristocrática durante la Guerra del Peloponeso, cuyo resultado marca el declive de Atenas, más tarde invadida por el Imperio de Macedonia Dos factores desencadenados durante su vida se reflejan en su obra: primero, el hecho de que Platón nació en el momento del declive de la *polis* lo lleva a estar en desacuerdo con la democracia como una forma de gobierno legítimo. Este problema se agudiza cuando la asamblea, constituida por la población en general, condena a Sócrates a muerte. Böckenförde (2012, p. 97) afirma que la situación de Atenas en el período de Platón: la pérdida progresiva de hegemonía de Atenas a Esparta debido a la Guerra del Peloponeso, la falta de unidad política interna, las intensas disputas partidarias a favor de lobbies e incluso el debilitamiento de la democracia.

De hecho, ser un noble aristócrata plantea en Platón que esta es la forma más apropiada de gobierno para ocuparse de los asuntos de la ciudad Con este fin, establece en la obra *La República* la arquitectura fundamental de su *Callipolis*, la idílica organización civil que proporcionaría el desarrollo social y personal en busca de justicia y libertad. Estos dos conceptos son complementarios en el pensamiento platónico.

La construcción de la ciudad perfecta en Platón implica el establecimiento de un paradigma a alcanzar, un arquetipo que sirva como instrumento comparativo entre lo que es el ideal y la realidad ateniense. Esto se debe a que su filosofía se mueve entre lo sensible y lo inteligible. Al igual que los sofistas, Platón parte de la vaguedad del empirismo, pero pasa a la gnosis conceptual e intelectual en busca de conceptos absolutos y no efímeros. En este afán trascendental, el pensador enuncia su conocida teoría de las ideas, en la que existe el mundo sensible material e inteligible, al que se accede por la razón.

El término idea significa imagen, percepción. Por lo tanto, todo análisis debe comenzar desde el conocimiento de su esencia inmutable presente en el campo de las ideas, abstraída a través de un aprendizaje gradual que pasa por la suposición, la opinión, la reflexión y el conocimiento, la llamada reminiscencia (Böckenförde, 2012, p. 101-102). Por lo tanto, no se puede hablar de libertad sin haber captado la esencia de este concepto en el mundo inteligible. La forma en que Platón ilustra su teoría es la emblemática Alegoría de la Caverna, presente en el libro VII de *La República* (2012, p. 315-320).

Este mito se construye a partir de tres momentos fundamentales: el primero consiste en liberarse de los grilletes que encarcelan al individuo en el mundo sensible, cuyas imágenes reflejadas por el fuego y capturadas por sus sentidos son su única fuente de conocimiento. En la búsqueda de encontrar elementos más allá de su imagen simplificada, la libertad proporciona el conocimiento de las cosas como realmente son, es decir, más allá de las proyecciones de la hoguera y las opiniones no científicas. El segundo momento es la salida de la caverna. Al poder dejar sus límites, el límite de lo conocible, el individuo asciende hacia la contemplación de las esencias de todas las cosas. El tercer momento es el regreso a la caverna. Este hombre que ha contemplado las verdades es el filósofo, que es desprestigiado por exponer todo lo que ha contemplado.

La parábola encuentra su significado en la filosofía platónica al indicar que solo aquellos que contemplaron la esencia de las cosas serían legitimados para dar sentido a la política al gobernar a *Callipolis*. En otras palabras, aquellos individuos que no han sido educados adecuadamente y aquellos que no han tenido la experiencia con la verdad "nunca podrán gobernar la ciudad satisfactoriamente" (PLATÓN, 2012, p. 322). Todo esto ya es indicativo de que la forma ideal de gobierno de Platón es la aristocracia fundada en el conocimiento del mundo. El dominio de esta *polis* sería, por supuesto, responsabilidad del filósofo, que es el amante del saber y el único que puede hacer justicia satisfactoriamente[10].

La filosofía política platónica tiene como presupuesto básico el desarrollo de su ideal de justicia. Con este fin, Platón establece un camino lógico estructurante para que el sistema político sea recorrido para que se constituya buenos ciudadanos y una ciudad justa que permita, entre otros factores, la libertad (en oposición a la esclavitud). Al igual que en Sócrates, el concepto de libertad de Platón se extrae, primero, de la capacidad adquirida por la educación del Estado para que los individuos no sean esclavos de sus propias pasiones y, por lo tanto, existe una innovación platónica, para que el sujeto pueda desarrollar sus habilidades dentro de una clase determinada por la cantidad de instrucción que recibió. Comprender la libertad de Platón exige estructurar la idea de justicia y *Callipolis*, la ciudad idílica. Describe este camino en *La Re-*

10 En el diálogo entre Sócrates (Platón) y Glauco (Libro V de La República), Sócrates afirma ser capaz de reformar las estructuras de los Estados con un simple cambio: transmitir el mando del gobierno a los filósofos. En este sentido: "A menos que los filósofos reinen en las ciudades o que los que hoy son llamados reyes y dinastías filosofen de un modo genuino y adecuado, y así vengan a ser lo mismo la habilidad política y la filosofía, y se prohíba con rigor que, como hoy hacen muchos, ambos caminos discurran en paralelo, no habrá, querido Glaucón, tregua para los males de las ciudades, ni tampoco, creo, para los del género humano, ni desde luego surgirá, en la medida de lo posible, ni verá la luz del sol esta organización política que hemos descrito ahora en la conversación" (PLATÓN, 2012, p. 251). Werner Jaeger (2003, p. 848) argumenta que en Platón el término filósofo adquiere caracteres adicionales en comparación con su definición habitual, expresando aquel que tiene gran memoria, percepción rápida y conocimiento sediento; amante de la cultura y que desprecia lo pequeño e insignificante, pero abarca el aspecto general de las situaciones; aquel que no se apega demasiado a la vida ni a los bienes exteriores; quien es amigo de la verdad, de la justicia, del coraje y también del autodominio. A continuación, se expondrá la forma en que Platón sugiere pulir a este filósofo, a través de una selección educativa temprana e ininterrumpida y a través de la enseñanza de diversas ciencias.

pública, libro en el que se mantiene fiel a la metodología empleada en otras obras, es decir, escribir a través de diálogos.

LA FUNDACIÓN DE LA *CALLIPOLIS* EN LA OBRA *LA REPÚBLICA*

En el primer libro de *La República* Platón cuestiona el concepto de justicia a tres individuos. Céfalo dirá que justicia es decir la verdad y restituir lo que le han quitado a alguien. Como comerciante, tiene una conexión especial con esta noción de intercambio y pago. Para Polemarco, la justicia es dar a cada uno lo que debe. Polemarco también es un comerciante, que deriva su concepción de la justicia en función de su actividad profesional. Finalmente, Trasímaco, un sofista que quiere ser más astuto que nadie ante Sócrates, dice que la justicia es una coacción mistificadora, es decir, no explícita, ejercida por los gobernantes a favor de sus intereses privados. En otras palabras, el ideal de justicia se guía por el interés de los más fuertes, una imposición de los más poderosos sobre los demás.

Las tres concepciones presentadas por Céfalo, Polemarco y Trasímaco relacionaban la justicia basada en su mundo privado, con características que les eran peculiares. Es posible verificar en este discurso la oposición del ideal platónico de búsqueda del mundo de las ideas eternas, que ya anticipa que ninguno de los tres podría llegar al gobierno de la ciudad porque no pueden trascender su realidad terrenal. Sócrates, por supuesto, no está de acuerdo con todas estas interpretaciones de la justicia, sobre todo porque son disposiciones individuales frente a un evento particular y también porque arrojan el ideal de justicia a una tabula teleológica.

Para demostrar su oposición, concluye que está bien parecer justo, aunque sea injusto. Después de todo, la justicia es una virtud y, como tal, ¿debería lograrse y seguirse por sí misma o, por otro lado, las personas solo se preocupan por las consecuencias punitivas derivadas de la injusticia? Platón quiere mostrar la falibilidad de las opiniones que no podrían producir un concepto abstracto aplicable a la colectividad. Con este fin, Platón presenta la pregunta sobre la organización de la *polis* y su mejor forma de gobierno. Si la extracción de un concepto de justicia lato es generalmente de gran complejidad y contaminado de particularismo, entonces, ¿cómo debe constituirse la ciudad justa?

La *polis* es el gran escenario de debate político para los filósofos clásicos de Grecia. Y en Platón, la concepción de la libertad deriva de la respuesta dada a la cuestión acerca de la ciudad justa. La teoría platónica de la justicia se divide en dos contextos: estará presente tanto en el ordenamiento de la ciudad como en el individuo mismo. Su punto de partida no son las relaciones sociales, sino la justicia personal. En otras palabras, la convicción de lo justo surge primero en el individuo a partir del equilibrio integrador y armonioso de tres fuerzas y luego se refiere al campo social al que pertenece, la clase social predeterminada, segmentada de acuerdo con las habilidades individuales pulidas después de un riguroso proceso de educación. Estas tres fuerzas anímicas presentes en cada ser humano son: la razón (sabiduría y autoridad), el coraje (valentía y vigilancia) y el deseo sensible (moderación y preocupación por las necesidades elementales de la materia). Como se verá, estas tres fuerzas se sucederán en tres estados sociales: el de los comerciantes y los agricultores, el de los guerreros y el de los magistrados (filósofos).

Böckenförde (2012, p. 108) asocia el carácter de la justicia individual y la libertad. Según el autor:

> Esta definición de justicia adquiere un significado especial porque está necesariamente asociada con la libertad, más precisamente con la libertad del sujeto agente. De hecho, tal justicia no puede ser distribuida o impuesta objetivamente, es un logro del alma humana en la cual la persona que actúa está sujeta y es objeto de sí misma. El hombre no es por naturaleza uno, sino que, por razón de la autorrealización por él abrazada y tematizada.

Tércio Sampaio Ferraz Junior (2002, p. 80) señala que la libertad griega no está asociada con elecciones, sino con querer algo posible; desear algo imposible es no ser libre, porque querer presupone poder. La libertad y la necesidad convergen. Tal afirmación es importante para el contexto en cuestión ya que los griegos no sabían el significado de la voluntad, que fue descubierta solo por Pablo de Tarso[11]. Para los griegos querer era poder. Así que no había espacio para querer algo imposible.

Es notable en la obra de Platón la idea de que temas muy caros a la política nacen con el individuo, es decir, en su interioridad. La libertad y la justicia se deflagran en la interioridad de cada uno y se reflejan en lo social, conceptos apropiados por los filósofos políticos en la modernidad en sus connotaciones esencialmente públicas y jurídicas como derechos constitucionales de los ciudadanos. En palabras de Durant (2000, p. 46), en Platón, el comportamiento personal se refleja directamente en la esfera pública, ya que el Estado "es lo que es porque las personas son lo que son". Por lo tanto, "no debemos esperar tener mejores estados hasta que tengamos mejores hombres". Solo un ciudadano libre de vicio y en armonía consigo mismo podría construir una *polis* igualmente libre.

Este es el enfoque del pensador al instituir un complejo sistema estructural de la *polis* construido sobre la educación igualitaria. Siguiendo los pasos de Sócrates, la instrucción gradual y continua de los individuos es la fuerza impulsora que permitirá escapar de pasiones y vicios incontrolados de todo tipo (esclavitud psicológica y física), factor que tiene una relación directa con la esfera pública y su forma de gobierno. Desde el momento en que cada ciudadano es instruido y ejerce su oficio, se establecerá el idílico gobierno de Platón, es decir, una república (*politeia*) fundada sobre el mérito del conocimiento y la sabiduría[12]. En otras

11 Pablo de Tarso, considerado como el gran teólogo y difusor de la figura de Jesucristo entre los apóstoles, escribe en la Carta a los Romanos, capítulo 7, versículo 15 que "veo el bien y no lo hago, pero hago el mal que no quiero". Agustín de Hipopótamo abordará este descubrimiento en su liberum arbitrium en el análisis del mal (pecado) y la propia disposición (voluntad) de los hombres de cometerlo, incluso si no lo desean. Ver también: ARENDT, 1995, p. 201-204.

12 Will Durant nombra aristocracia democrática (2000, p. 55) la forma creada por Platón para enfatizar que en ella no reside el carácter hereditario. Sin embargo,

palabras, la libertad política prospera cuando los ciudadanos ejercen un oficio dirigido a su clase por su propia aptitud, sin interferir con el *locus* destinado a los demás.

Por lo tanto, el surgimiento de la *polis* está relacionado con los individuos. A diferencia de Sócrates, que concibió la ciudad únicamente para la realización de la política – porque la supervivencia es factible en un estado de soledad, sin embargo, es inconcebible la realización de la política fuera de un grupo de personas –, la base para la constitución de la *polis* en Platón (como para Aristóteles) es la satisfacción de necesidades, de carencias personales. Ernst-Wolfgang Böckenförde (2012, p. 113) señala que estas no son solo necesidades materiales vinculadas a funciones biológicas, como la búsqueda de alimentos o incluso la seguridad personal. Estas son preguntas esenciales, pero no son únicas. Se trata de una lista que abarca el desarrollo ético, moral, intelectual y cultural. Para ilustrar tales afirmaciones, Platón desarrolla un diálogo entre Sócrates y Glaucón en el que establece tres formas distintas de ciudad basadas en la especialización y posterior división del trabajo: la ciudad mínima, la ciudad de lujo y la ciudad ideal.

La primera de ellas, la ciudad mínima, existe para satisfacer las necesidades básicas de su población. Por lo tanto, se compone solo de campesinos, artesanos y comerciantes; la justicia en esta ciudad está en el intercambio comercial entre estas funciones. Sin embargo, al superar las dificultades con su propia supervivencia, el deseo impulsado por el comercio lleva a las personas a querer lujo y superfluidad. Esto lleva al desarrollo de la ciudad de lujo. Para cumplir los opulentos deseos de la gente, se necesita una mayor extensión territorial mediante la conquista de nuevas tierras y la sumisión de otros pueblos. Además, una ciudad con un gran poder económico debe ser inmune a los ataques externos. Aparece la figura del soldado, muy importante para el mante-

la democracia es un concepto clave de connotación negativa en la filosofía platónica, por lo que no se utilizará la expresión acuñada por Durant.

nimiento de la ciudad[13], en primer lugar, porque la ciudad opulenta está llena con los más variados deseos, inflando también el ego de la gente[14]; y también porque los individuos no son buena gente. El soldado, por lo tanto, es fundamental para la organización de esta agrupación, convirtiéndose en guardián del régimen político de la ciudad, de la conducta de sus miembros y también para proteger a la gente contra los ataques externos. Su función esencial justifica una inversión en educación para la preparación virtuosa de esta clase, basada en clases de música para el alma y gimnasia corporal. En este punto, Platón ya está señalando la necesidad de un cuerpo con sabiduría y autoridad para dirigir esta ciudad, indicando que el filósofo es el más adecuado para este puesto[15].

Finalmente, la ciudad ideal para el filósofo se describe dividiéndola en tres clases: de los mercaderes, de los guerreros y de los magistrados. La clase mercantil debe poseer bienes. Su virtud es la templanza, parsimonia adquirida por el mundo de los negocios. La segunda clase es la de los soldados. No tendrían posesiones. Dada la importancia estratégica de su papel, la *polis* en su conjunto contribuiría para proporcionarles lo que necesitan para su subsistencia. Además de no tener bienes, el soldado platónico no debería tener una familia, para reservar su atención única y exclusivamente a los asuntos públicos. Si tuvieran hijos, serían criados por la ciudad, sin familia, para unirse a la clase guerrera en el futuro. La virtud de los guerreros es el coraje y la prudencia. La tercera y última clase es la de los magistrados, aquellos que no han tenido el

13 Platón describe el largo camino de formación del do guerrero en el libro IV de La República.

14 En este comentario, se cree que Platón menciona su ciudad natal, Atenas. Según la tradición, la envidia era su pecado capital.

15 Sócrates y Platón se alejan en este punto. Sócrates valoraba la opinión de la gente (doxa). Por esta razón, creía en la democracia, en la importancia del punto de vista de cada uno. Platón está más acostumbrado a la aristocracia de quienes conocen mejor, el filósofo. Como se señaló anteriormente, para Sócrates, la única función política del filósofo era ser moscardón, molestar y ayudar a las personas a encontrar su propia verdad, lo que hace que la ciudad sea más verdadera.

tiempo necesario para la búsqueda de bienes, como los comerciantes, o el anhelo de convertirse en héroes, como los guerreros, pero que se han dedicado más al estudio. Su función es gobernar y promover la justicia, tanto por la calidad de las leyes creadas como por el control ejercido sobre las otras clases para mantener a las personas capacitadas para las funciones desempeñadas. La virtud cívica de los magistrados es la sabiduría.

La entrada a cada una de estas clases sería a través de la educación. De hecho, el proceso pedagógico comienza incluso antes del nacimiento. Como Platón concibe un modelo social eugenésico que no se basa en la división en familias, las personas con mala salud no podrían tener hijos. Según Will Durant (2000, p. 55-56), el sistema idealizado de Platón es un tipo de elección educativa para un puesto determinado, en el que no habría resquicios ni divisiones de casta, influencia o tradición, ni falta de oportunidades para aquellos con escasos recursos financieros. Todos recibirán el mismo tratamiento, independientemente del origen y pasado de este recién llegado. Por lo tanto, para pulir a los futuros ciudadanos de *Callipolis*, no se puede admitir que el sistema educativo los prepare desarrollando solo su potencial físico, como fue el caso de los guerreros de Esparta, se propone también la delicadeza hecha posible por la armonía necesaria para la construcción musical, así como la visión estratégica lograda a través de los juegos.

Todos los niños, de ambos sexos y de todas las clases, recibirían instrucción en este conocimiento hasta los diez años. El sistema se divide en períodos de preparación. Aquellos que no se destacaban regresarían a la familia para aprender el oficio de sus padres relacionado con las actividades económicas y agrícolas. Los otros asumirían otro período de formación y se insertarían en las artes marciales, siendo educados hasta los veinte años. Cumplidos veinte años, se realizaría una nueva evaluación. Los más destacados también aprenderían la gestión de la ciudad; los que no aprobaron los exámenes, se convertirían en guardianes auxiliares. La siguiente selección tendría lugar después de los treinta años; los reprobados se quedarían en puestos subordinados de la administración pública, y los aprobados estudiarían estrategia militar y especialmente la dialéctica. Nueva evaluación después de los treinta y cinco años; los que no tuvieron éxito ocuparían puestos de alta dirección, y los aprobados pasarían a la última fase de capacitación para el estudio de la ética, la física y la política. Después de cincuenta años de estudio, los mejores serían magistrados (filósofos) para gobernar la *polis*[16].

Platón no intenta recordar que aquellos que no tienen la capacitación adecuada "nunca podrán gobernar satisfactoriamente la ciudad" (PLATÓN, 2012, p. 322). Y advierte además que cualquier intercambio entre las clases constituiría "el mayor daño que puede inferirse a la ciudad y con razón deberían ser calificados de verdadero crimen" (PLATÓN, 2012, p. 188). Por lo tanto, como ya señalado, la justicia platónica en su aspecto político comprende el equilibrio entre las clases para que cada

16 En la época de Platón, los filósofos eran calificados como poco hábiles para el mundo político porque eran hombres de conocimiento que buscaban respuestas a las grandes preguntas de la humanidad. Por otro lado, según Leo Strauss (2013, p. 53-54), los filósofos, en general, no estaban motivados para pensar en política – democrática y, por lo tanto, rebosada de opiniones –, ya que su búsqueda trascendía el sentido común. Pensar que la política representaría los grilletes de la caverna, aprisionándolos en la oscuridad y privándolos del verdadero conocimiento. Con intereses opuestos, la filosofía y la política se opusieron entre sí a gran distancia. Platón resuelve esta cuestión colocando a su filósofo a cargo de la polis. Werner Jaeger afirma que "la vida predominantemente contemplativa que el filósofo está obligado a llevar dentro del mundo actual que lo rodea no aparece en la República como su destino final". ¿Desde qué perspectiva trascenderá el filósofo de su estado contemplativo al mundo "real" de la política? Jaeger explica que "en la República ideal, el filósofo abandonará el estado de mera contemplación para adoptar un estado de creación. Se convertirá en un "demiurgo" e intercambiará la única tarea creadora que, en sus circunstancias actuales, puede lograrse, su propia formación mediante la formación de personajes humanos, tanto en el campo de la vida privada como del servicio público. Así se convertirá en el gran pintor que estructurará la imagen de la polis auténtica a la luz del modelo divino que lleva dentro de sí mismo" (JAEGER, 1995, p. 861).

una ejerza su función para alcanzar la excelencia – un guardián debe tratar de ser el mejor de todos. Con el alma de los hombres en equilibrio, la ciudad estaría organizada y los individuos serían libres en su interior y en su clase (no serían esclavos de sí mismos ni de otros). Por lo tanto, el concepto de justicia "está por encima de todas las normas humanas y vuelve a su origen en el alma misma. Es en la naturaleza más íntima de esto que debe fundarse lo que el filósofo llama justo" (JAEGER, 1995, p. 756). Esta es la base para lograr el bien y construir una sociedad libre y justa. A su vez, el mal es la falta de armonía, la falta de armonía del hombre consigo mismo, la falta de armonía entre los hombres y la falta de armonía entre el hombre y la naturaleza. La corrupción, a su vez, se combatiría por el sentido de deber[17].

Está claro, por lo tanto, que en Platón la libertad constituye la hipótesis de su ciudad idílica: los individuos serían entrenados para no convertirse en esclavos de sí mismos y de sus pasiones, así como para actuar dentro de un círculo de iguales en formación y talento, lo que proporcionaría ser libres plenamente. ¿Y por qué la democracia no es la forma apropiada de gobierno para mantener la libertad? Por lo tanto, es necesario analizar las cinco formas de gobierno señaladas por Sócrates (Platón) en el Capítulo VIII de la República – en este orden: aristocracia, timocracia, oligarquía, democracia y tiranía – dispuestas en escala descendente en relación con la forma perfecta para el gobierno de la *polis* ideal. En el curso de la presentación, el autor describe las causas que llevan a los gobiernos ascendentes a licuarse en los vicios de los descendientes, es decir, qué comportamientos y situaciones conducen a la timocracia, por ejemplo, a convertirse en oligarquía hasta la tiranía, la peor de las formas por proporcionar el lastre más pequeño de libertad. En otras palabras, no hay decantación de una forma con la otra, por el contrario, las deficiencias de una forma de gobierno solo hacen que el

17 Amartya Sen señala que Platón, sabiamente, consideró que tal objetivo no sería fácil. El problema involucra las reglas existentes y la actitud personal en su observancia (SEN, 2000, p. 313).

defecto de la otra forma de gobierno sea más agudo, en una tensión que está más lejos del ideal de *Callipolis*.

LAS FORMAS DE GOBIERNO DE LA *POLIS* IDÍLICA Y LA AFIRMACIÓN DE LA LIBERTAD

La forma de Estado de la idílica ciudad de Platón se convertirá claramente en una república, en la que todos participan dentro de su clase, pero se rige por los reyes filósofos. No se configura como monarquía ya que no hay criterios hereditarios para la transmisión de poder. En cuanto a la forma de gobierno, no hay duda de que la aristocracia es el modelo más apropiado para lograr los objetivos que persigue su entusiasta. Pero no se trata de cualquier aristocracia, sino una fundada en el respaldo del conocimiento.

Por lo tanto, el gobierno timocrático se basa en la ambición y el honor, al mando de guerreros y soldados. Esta forma de gobierno es imperfecta para Platón porque carece de dos elementos fundamentales en la formación de guerreros: la filosofía y la música, la única mezcla "defensora de la virtud" (PLATÓN, 2012, p. 370). De hecho, faltará la sabiduría necesaria para tomar decisiones, ya que la gnosis guerrera es más gimnástica. Los hijos de los guerreros a cargo de la *polis*, sus sucesores naturales, no tendrán la formación adecuada y generarán descendientes que gradualmente se alejarán de las artes más elevadas. El resultado es que no habrá división de la sociedad propuesta por Platón, mezclando individuos entre las clases. Además, los soldados "nacen más para la guerra que para la paz", y se vuelven codiciosos por los nuevos logros (PLATÓN, 2012, p. 368). La sociedad fundada bajo el pacto de honor y la espada degenera en la búsqueda de la riqueza.

La siguiente forma de gobierno analizada es la oligarquía, cuya faceta social fundamental es la división entre ricos y pobres. Fundada sobre la riqueza, su factor distintivo, el honor que una vez fue buscado por la timocracia se pierde, dejando solo la codicia. Es cierto que los malhechores surgirán entre los pobres, que están en esta condición debido a la "ignorancia, a la educación defectuosa y a la forma de la constitución del Estado" (PLATÓN, 2012, p. 376). Por lo tanto, los enemigos de los avaros no son conquistadores de otras partes del mundo, sino los pobres que rodean los muros de sus dominios. Para su defensa, los más ricos son los guardias y los pequeños ejércitos. En este contexto, Platón imagina la existencia de dos Estados, de los ricos y de los pobres, que constantemente conspirarán uno contra el otro. En esta área, el filósofo destaca el peor de los males que han surgido entre las formas de gobierno que se originan con la oligarquía: la corrosión de la ciudadanía, es decir, cuando el beneficio se eleva por encima de la política y permite que el extranjero sea parte del Estado sin lastre político, solo para comprar y vender propiedades a los más ricos. Es la fórmula de la "codicia por la riqueza y negligencia de todas las demás cosas" (PLATÓN, 2012, p. 393). De hecho, este es la sepultura de la noción cívica griega de participación activa en la vida política diaria de la *polis*.

La transición de la oligarquía a la democracia ocurre cuando los pobres obtienen la victoria sobre los ricos y asumen el gobierno del Estado. Apoyado por tales convicciones, Platón no podía dejar de tener una visión pesimista de la próxima forma de gobierno. Pero la razón del juicio de este autor es lógica dado el contexto global de su obra, aunque su visión de la democracia al principio suena como contaminada de estereotipos. La *polis* perfecta en la visión platónica se basa en la división de clases promovidas y controladas por el aparato educativo del Estado. Su visión de la libertad en este caso se limita a este *locus* al que pertenece cada ciudadano. Sin embargo, para Platón, en la democracia prevalece la libertad de tal manera que no se puede construir nada sustancial para la sociedad, una concepción que se acerca demasiado a la anarquía social, política y legal. Según Nicola Abbagnano (2007, p. 608), la libertad aquí es entendida por Platón como falta de medida y aún rechazo de las normas.

Según el autor:

> Como resultado de todos estos males acumulados, entiendes bien cómo hacer que las almas de los ciudadanos sean tan sensibles que, si alguien les im-

pone un mínimo de sumisión, se agravan y no pueden soportarlo; terminan sin preocuparse por las leyes escritas o no escritas, como saben, de modo que no tienen a nadie que las posea. (PLATÓN, 2012, p. 395)

De hecho, en la regla ya descrita anteriormente, los hombres no preparados no formarían la *polis* adecuada[18]. La cercanía de Platón entre la libertad y la anarquía no tiene precedentes debido a su lectura de Atenas que había condenado a muerte a su maestro Sócrates. Por lo tanto, esta es la imagen humana en el cambio de la oligarquía a la democracia, en la que los sujetos carecen de aptitud para las artes más superiores – filosofía, física, música, gimnasia –, lo que culminaría en una organización política similar. "Una persona nunca podría convertirse en un buen hombre si, desde la infancia, no jugara en medio de cosas bellas y no participara en todas las actividades de esta calidad" dice Platón, refiriéndose al cuidado de la educación desde la infancia (PLATÓN, 2012, p. 385). Los valores propagados por la democracia serán la insolencia como buena educación, la anarquía como libertad, la prodigalidad como generosidad y la desvergüenza como coraje (PLATÓN, 2012, p. 390).

En este escenario, como no hay reglas basadas en la ley, la autoridad o la tradición, pero prevalece la liquidez indeleble de la libertad individual excesiva sin sabiduría o virtud, el resultado es la aproximación de la democracia con la tiranía. La visión platónica de esta democracia en decadencia de Atenas se ubica en la frontera con la tiranía, en el sentido de que hay poderes ilimitados. Demasiada tolerancia y falta de límites impulsan

18 A este respecto, Werner Jaeger señala que "la teoría platónica de las formas de Estado no es mayoritariamente una teoría constitucional; al igual que su teoría del Estado perfecto, es sobre todo una teoría del Hombre. Basado en el paralelismo entre el Estado y el Hombre, que ocurre a lo largo de toda la obra, y de acuerdo con las formas estatales de la timocracia, de la oligarquía, de la democracia y de la tiranía, Platón distingue una especie de hombre timocrático, oligárquico, democrático y tiránico; y entre esos tipos de Hombre, como entre las diversas formas de Estado, establece diferentes grados de valor, hasta que alcanza el tirano, último grado de la escala y el reverso del hombre justo" (JAEGER, 1995, p. 928-929).

la democracia en tiranía. Para Platón, cuya apoteosis siempre se dirige hacia el equilibrio y la moderación, la causa de varios males se explica por la ausencia de límites. La democracia es la cumbre de la libertad anárquica, y la tiranía es su anulación[19]. Platón afirma la fórmula de que el exceso a menudo se corresponde con un cambio radical en su dirección opuesta. En otras palabras, la oposición a la libertad total es la servidumbre encarnada en la tiranía draconiana, presentando el máximo y el mínimo como lados opuestos de la misma moneda El proceso de transición entre la libertad y su privación tiránica ocurriría dividiendo la sociedad democrática en políticos, ricos y pobres (las dos últimas clases son legados de la oligarquía). Usando una especie de populismo, el tirano formaría el cuerpo de sus seguidores, – a través del alivio de la deuda y la distribución de tierras por grupos de oposición ya eliminados – y eliminaría a sus adversarios con el apoyo irrestricto de grandes sectores de la sociedad. Es decir, el timo lo elevaría al gobierno. a libertad se sustraería poco a poco de los ciudadanos para mantener un control estricto del poder y del gobierno.

ARISTÓTELES

Aristóteles nace en 384 a. C. en Estagira, Macedonia. Era un meteco, es decir, un extranjero establecido en Atenas, y como tal no poseía

19 Según Platón, "el exceso de libertad, por lo tanto, no conduce a más que un exceso de esclavitud, ya sea para el individuo o para el Estado" (PLATÓN, 2012, p. 396). Jaeger (1995, p. 947-949) comenta que la libertad democrática para Platón consiste sobre todo en sentirse libre de todo tipo de deberes, no en someterse a ciertas normas internas. Cada uno organiza su vida como le plazca [...]. La democracia surge en los ojos de Platón como un Estado en el que hombres de todo tipo pululan, como un depósito de todo tipo de constituciones, donde uno toma lo que más se ajusta a sus gustos particulares. Cualquiera que no quiera participar en el Estado, puede seguir este camino tal como uno podría seguir al otro. Aquellos que no quieren intervenir en la guerra pueden continuar viviendo en paz, mientras que otros guerrean. El que es removido de su cargo por ley o por decisión judicial, sin embargo, continúa gobernando, sin que nadie lo impida. El espíritu de tolerancia reina aquí sobre la justicia.

la ciudadanía ateniense, así que no poseía derechos políticos. Estudió en la Academia fundada por Platón hasta la muerte de su maestro en 347 a. C. Apoyándose en los hombros de Platón, Aristóteles lo supera en grado y proporción para convertirse en un paradigma de conocimiento. Fue el mayor pensador del período de la antigüedad, influyendo en la Europa medieval más de un milenio después de su muerte. La variedad de temas que investigó y la magnitud de su trabajo le hicieron alcanzar el "conocimiento enciclopédico", que abarca lógica, metafísica, ética, política, historia natural, psicología, fisiología, poesía, retórica, química, astronomía, mecánica y matemáticas (BÖCKENFÖRDE, 2012, p. 131).

El pensamiento de Aristóteles tiene cierta semejanza superficial con el de Platón, especialmente con respecto a los propósitos fundamentales. Aristóteles también cultivó la *polis* como el *locus* para la plenitud de la vida humana. La *eudaimonia* aristotélica se divide en la vida plena en la ciudad, así como actuar de acuerdo con el conocimiento adquirido a través de la filosofía. Pero a diferencia de Platón, tenía una profunda inclinación por la inducción, la observación y la experimentación, métodos científicos de trabajo que recurren casi todos los temas que fueron su objeto de estudio[20]. En términos políticos, no sería diferente. Aristóteles no pretende concebir una *polis* idílica según los estándares de la *Callipolis* descrita en la *politeia* platónica, sino que hace un análisis que involucra la realidad político-institucional de varios pueblos de su tiempo, sacando sus conclusiones después de un fructífero proceso de comparación y deliberación.

20 Böckenförde (2012, p. 133) disecciona el método de Aristóteles en una tríada: después de verificar la ocurrencia de un hecho digno de profundización, primero se debe plantear el fenómeno, lo que significa reunir y examinar todas las opiniones actuales y luego, trabajar en las dificultades, resolver las contradicciones y dejando de lado los puntos que no se pueden construir en una estructura interna de coherencia lógica. Finalmente, aclarar el contenido y la verdad de las concepciones más importantes que se acercan a la verdad.

El análisis de la libertad recupera la ambivalencia ya observada en Sócrates al mantener dos conceptos distintos: uno relacionado con la interioridad volitiva y el otro a la *polis* y su cotidiano político.

LIBERTAD E INTERIORIDAD: CONTINGENCIA Y NO CONTINGENCIA

La categoría del libre albedrío era desconocida para los griegos. La noción de libertad adquirió dos connotaciones, a saber: una política cuyo alcance era demostrar si el sujeto era libre o esclavo, y una segunda categoría que se refería al estado físico factual, es decir, relacionado con el individuo y su capacidad física en abstraer el conocimiento. La libertad, por lo tanto, era un hecho cotidiano y no necesariamente un tema que debían plantear los filósofos, como la justicia o la virtud. Sin embargo, en *Metafísica*, Aristóteles trabaja esta segunda categoría de libertad con la idea de que todo puede ser o no ser (principio de no contradicción), todo sucede o no sucede. Pero lo que sucede y no pudo haber sucedido ha llegado a este estado por accidente o contingencia. Es decir, la contingencia o accidente crea una tercera vía a algo que debería haber sucedido o no. Es el umbral de la noción volitiva, ¿por eso actuó de una manera y no de la otra? En la frontera entre el querer y el no querer, pocas cosas son tan contingentes como la voluntad humana, que es libre, bajo la pena de arrojar a los seres humanos a procesos determinísticos. Según David Ross, la indagación del pensador griego acerca de la contingencia se basa en su investigación sobre el deseo y el intelecto: el hombre contingente es aquel que conoce el deseo de sus pasiones y se resiste a sus llamamientos, discusión que lo no contingente no traba, sino que se rinde incluso sabiendo que no debe hacerlo (ROSS, 1987, p. 227).

De hecho, "el ser no contingente, sabiendo que lo que hace es malo, lo hace impulsado por la pasión, mientras que el hombre contingente, conociendo sus apetitos como malos, se niega a seguirlos en virtud del principio racional". (ARISTÓTELES, 1984, p. 157-158). Aristóteles señala que Sócrates, siguiendo la línea de pensamiento griega, no creía en la existencia de incontinencia, de querer y no poder. No sería concebible que un hombre con carácter recorriera el camino del deseo, ya que esto solo sería posible para los ignorantes que de hecho elegirían ese camino. Para Aristóteles, aquel que tiene el conocimiento de que no debe actuar en un sentido, que sabe que su actitud es irrazonable y, sin embargo, lo hace, actúa de esta manera al poseer solo un "conocimiento perceptivo" y no un "conocimiento propiamente dicho" (ARISTÓTELES, 1984, p. 161). En otras palabras, no actuaría por voluntad, sino porque carecía del conocimiento necesario de que no debería actuar. David Ross concluye que lo que le falta a la teoría aristotélica es el reconocimiento del hecho de que la contingencia se debe a una debilidad de la voluntad y no a una falta de conocimiento (ROSS, 1987, p. 229)[21].

La explicación de por qué no se le dio importancia a la voluntad en la filosofía clásica, según Hannah Arendt (1995, p. 199), se debe a la forma en que los griegos entendieron y midieron el tiempo. El tiempo era cíclico, es decir, no había una categoría de principio y fin o pasado y futuro, sino solo el movimiento constante de los cuerpos celestes y la naturaleza cíclica de la vida. El todo celestial es eterno; los seres mueren después de un largo ir y venir. Es solo en la tradición judeocristiana que se establece la noción de tiempo lineal, de un movimiento rectilíneo hacia el futuro y cuyos eventos son desconocidos, aunque con algunas reflexiones del pasado. Así, Arendt deduce que la voluntad o el querer,

21 Sin embargo, Tércio Sampaio Ferraz Junior señala que la noción de libertad del individuo en la esfera de la interioridad no era una categoría griega. La libertad estaba en la polis. Según el autor, "el significado de esta (libertad) permanece localizado en la posibilidad de que el hombre se conduzca por sus virtudes a su propio bien. Todavía no hay posibilidad de que el hombre, siendo libre, sea imputable y responsable. La libertad también tiene que ver con la conducta humana en la polis y no con la voluntad o los actos involuntarios. Para que ocurra esta última hipótesis, sería necesaria una subjetivación decidida del tema, es decir, la proposición de la libertad como una cuestión del sujeto en su propia interioridad. La filosofía griega no llegó a esta formulación (JUNIOR, 2002, p. 82).

siendo un órgano espiritual cuyo vector apunta al futuro, no representaría un problema al que se enfrentaría en la Grecia clásica.

NECESIDAD, LIBERACIÓN Y LIBERTAD EN LA *POLIS*

Con respecto a la esfera política, *locus* para la comprensión de la libertad en el período del helenismo clásico, es necesario seguir el itinerario aristotélico para comprender la diferencia entre la liberación y la libertad, formación de comunidades humanas y analizando la *polis* y sus formas de gobierno. Aristóteles nació en un momento más estable de la democracia ateniense en comparación con los idus en que Platón escribe la República, principalmente por la limitación del catálogo de competencias conferidas a la asamblea popular. A diferencia de su maestro, no tuvo una profunda aversión a esta forma de gobierno a lo largo de su obra. En *Política,* Aristóteles no buscó las minucias de las formas de gobierno que él consideraba apropiadas y sus recíprocas, aunque realizó tales análisis, pero buscó la esencia detrás del cuestionamiento acerca del gobierno ideal. La filosofía política de Aristóteles también parte de la idea del Estado ideal. La noción fundamental que subyace en la obra *Política* está relacionada con el problema de la formación del Estado/Ciudad. En su afán teleológico, la primera pregunta que se presenta se refiere a la naturaleza del Estado. La naturaleza, en este caso, no significa origen, sino propósito, destino.

Las ciudades tienen en su familia su emergencia y suposición fundamental. Esta es su suposición fundamental. La formación comunitaria más básica resultante de la unión de familias es la aldea, con un gobierno monárquico. Cuando se juntan varias aldeas, se configura la ciudad o el Estado. Al principio, la ciudad se constituyó para garantizar las necesidades vitales de las personas. Para Aristóteles, el propósito de la *polis* es garantizar la buena vida (*eudaimonia*), la vida feliz hecha posible solo por la vida ciudadana en la convivencia de otros en igualdad de estatus. Lo que diferencia a los hombres de los animales como las abejas y las hormigas, que también tienen la capacidad de asociarse, es el don de la palabra, del habla (ARISTÓTELES, 2000, p. 146). Las razones que justifican la asociación de los hombres son el instinto de reproducción y la búsqueda de la autoconservación concebida en la relación señor y esclavo (que no detiene nada para su seguridad). En este sentido, las dos formaciones básicas son la casa, compuesta por hombre, mujer y esclavos, cuyo propósito es la satisfacción de las necesidades diarias; y la aldea, la asociación de varias familias. La aldea sigue siendo una deficiente formación política, porque su alcance es la satisfacción de los instintos animales. El objetivo de la *polis*, resultado de la unión de varias aldeas, va más allá de la satisfacción de las necesidades y apunta a la buena vida[22].

Aristóteles diferencia la naturaleza de las cosas generales, como la de un instrumento musical cuyo propósito es crear algún tipo de sonido, y la de los seres vivos, cuyo propósito es inmanente en la vida misma. Por lo tanto, el fin de la planta es crecer para hacerse fuerte, el fin de los animales son sensaciones y apetitos – porque tienen un sistema nervioso central – y el fin del hombre y de las comunidades humanas es usar la razón y actuar moralmente en presencia de otros, en el convivio del ambiente de la *polis*. Por lo tanto, la naturaleza humana se ve afectada por la vida comunitaria como una inclinación natural. Esta es la emblemática tesis aristotélica del *zoon politikon,* el hombre es un animal político, es decir, su dignidad es completa cuando está en presencia de otros. Cualquiera que no pueda vivir en presencia de otros "será una bestia o un Dios" (ARISTÓTELES, 2000, p. 145-147 e 222).

22 Amartya Sen comenta que este ideal de la buena vida puede ser un buen indicador del germen fundamental de la economía. Según él: "el origen de la economía fue motivado significativamente por la necesidad de estudiar la evaluación de las oportunidades que tienen las personas para llevar una buena vida y las influencias causales sobre estas oportunidades. Además del empleo clásico de esta idea de Aristóteles, nociones similares fueron ampliamente utilizadas en los primeros textos sobre cuentas nacionales y prosperidad económica, cuyo pionero fue William Petty en el siglo XVII". (SEN, 2000, p. 40)

Böckenförde (2012, p. 131 e 154) aclara que la noción de *polis*, escenario para la existencia de la libertad, es diametralmente opuesta en comparación con los pensamientos de Platón y Aristóteles: el primero tiene la ciudad como la primera condición para la vida ordinaria que evolucionará desde el control de la estricta división del trabajo y la formación de clases, mientras Aristóteles ve en la *polis* un proceso constante de evolución, desde la familia hasta el Estado, en el que se finalizan las facultades y capacidades humanas hacia la buena vida que solo es posible en convivencia con los demás. Esta noción constitutiva del espacio público permite al autor inferir que lo que es esencial para la ciudad de Platón es la unidad, ya que Aristóteles concibe la pluralidad, personas distintas de diferentes familias que viven juntas para lograr la mejor vida posible, que es el *telos* (propósito) de la *polis*[23]. Así, los hombres viven en la sociedad porque quieren vivir, pero fundaron la *polis* y llevan a cabo la política porque quieren vivir bien. Es en el entorno civil donde termina la vida comunitaria, porque solo en él las facultades y capacidades propias de las personas (como el lenguaje, la inteligencia racional, la percepción del bien y el mal, lo justo y lo injusto) alcanzan el pleno desarrollo hacia una buena vida y autosuficiente. La libertad obtenida en el entorno de la *polis* es, por lo tanto, parte de la dignidad humana.

La arquitectura de esta ciudad aristotélica se divide entre hombres libres y no libres. A partir de esta afirmación, dos mundos diametralmente distintos se abren aquí: el de la casa y de la *polis*. Aristóteles reconoce

23 Aristóteles es demasiado crítico con la propuesta de la Callipolis de Platón, fundada em la severa estructura jerárquica unitaria basada en las clases estamentales. Según el Estagirita, "el Estado que progresivamente se convierte en una unidad dejará de ser Estado. La pluralidad en este caso es natural; y cuanto más se aleje el Estado de la pluralidad hacia la unidad, menos Estado será y más cerca estará de una familia", cuyo gobierno es despótico, como se discutirá más adelante (ARISTÓTELES, 2000, p. 170). En esta medida, en palabras de François Châtelet et al, "el error de Platón es reducir diferentes seres a la igualdad aritmética y aplicar autoritariamente una proporcionalidad geométrica al orden social" (CHÂTELET; DUHAMEL; PISIER-KOUCHNER, 2009, p. 20).

que el poder existente en la dicotomía de estos dos *locus* de la vida, el entorno doméstico de la casa y el espacio público de la *polis*, se distinguen por la naturaleza de los individuos involucrados, los sirvientes y los hombres libres: l poder familiar es monárquico, centrado en la figura del jefe de familia, mientras que la relación en el espacio público es entre hombres libres e iguales. En sus palabras: "el gobierno doméstico es una especie de monarquía: cada casa está gobernada por una persona; el gobierno civil, por el contrario, pertenece a todos los que son libres e iguales" (ARISTÓTELES, 2000, p. 17 e 153).

La superación de la vida privada era necesaria para obtener la ciudadanía. En otras palabras, el elemento fundamental para la existencia de la libertad era la inviolabilidad de la casa griega, porque sin ella los jefes de familia no podrían obtener la liberación de su jornada laboral diaria para la vida en la *polis*. En las palabras de Aristóteles, "es un consenso que en un Estado bien organizado los ciudadanos deben liberarse de todas las tareas inferiores" (ARISTÓTELES, 2000, p. 194). Will Durant (2000, p. 96-97) reconoce el profundo desprecio que los griegos guardaban del trabajo manual repetitivo que hipotéticamente destruiría la inteligencia y no permitiría a los ciudadanos el tiempo necesario para involucrarse en la política. Al tener el control sobre el hogar que les proporcionaba bienes, podían desconectarse del trabajo y tener el tiempo libre para asumir, más allá de la esfera privada de sus vidas, la *bios politikos* (ARENDT, 2010a, p. 28). Solo de esta manera serían verdaderamente libres[24].

El grupo de ciudadanos libres eran los hombres, señores de una casa con mujeres, ancianos y esclavos, que trabajaban y permitían su libe-

24 Según Hannah Arendt, "la libertad como fenómeno político nació con las ciudades-Estado griegas. Desde Heródoto, se ha entendido como una forma de organización política en la que los ciudadanos vivían juntos en la condición de no dominación, sin división entre dominantes y dominados. Esta noción de no dominio se expresó en la palabra "isonomía", cuya característica principal entre las formas de gobierno, según lo enumerado por los antiguos, era la ausencia total de la noción de dominio. La polis sería una isonomía, no una democracia" (ARENDT, 2011b, p. 58).

ración para las actividades de la *polis*. Sin embargo, la conquista de la libertad no fue resultado de la mera liberación. En las reflexiones de la filósofa Hannah Arendt, los factores que hicieron posible la libertad fueron la compañía de otros hombres en igualdad de condiciones – señores liberados de la necesidad de mantener su sustento – y un espacio político al que podrían unirse. En este contexto, comenta la autora, ser libre significaba "no estar sometido a la necesidad de la vida ni bajo el mando de alguien y no mandar sobre nadie, es decir, ni gobernar ni ser gobernado" (ARENDT, 2010a, p. 39). Esto significa que en el espacio político todos los ciudadanos tenían igualdad (*homoioi*), sin relaciones basadas en situaciones de mando y obediencia Así, se pueden observar los panoramas opuestos: el de la casa, *locus* el lugar donde predominaba el despotismo por veces draconiano del jefe de familia, y la *polis*, espacio compuesto de semejantes y desprovisto de modelos jerárquicos, excepto para los momentos de guerras en las que un líder militar era esencial.

De los dos puntos de vista expuestos, para Hannah Arendt, la verdadera noción de libertad era la política. Según la filósofa, "lo que todos los filósofos griegos dieron por correcto, sin importar cuánto se opusieran a la vida en la *polis*, es que la libertad está exclusivamente en la esfera política", es decir, libres se consideraban los ciudadanos que participaban de la *polis* (ARENDT, 2010a, p. 37). La fuerza y la violencia, por otro lado, fueron los rasgos distintivos de la esfera privada, ya que eran el único medio para superar la necesidad impuesta por los factores biológicos – y esta victoria se daba al gobernar esclavos – para, así, ser libre[25]. Como resultado, la chispa política en la Grecia clásica se opuso a la noción moderna y contemporánea. Para los griegos, la posibilidad de participación en las discusiones políticas constituía el marco legitimador para la adquisición de la libertad, beneficio inconmensurable para esa sociedad,

25 Cabe destacar que la filósofa Hannah Arendt no defiende en ningún momento el uso de la violencia. En su obra Sobre la Violencia, la autora conceptualiza la violencia como instrumental, un medio que no genera nada, por el contrario, tiene la capacidad de destruir el poder.

un contexto opuesto al surgimiento del Estado moderno liberal en el que la actividad política se convierte en un obstáculo para la búsqueda de los intereses financieros personales, siendo necesario profesionalizar dicha actividad, es decir, asignar a un tercer representante.

El criterio de ciudadanía para Aristóteles debería ser diferente del que uno tiene en la modernidad, basado en factores territoriales o sanguíneos. Los ciudadanos serían solo aquellos nacidos de padres en esta condición – un esclavo jamás tendría un hijo con ciudadanía[26], y solo ellos darían su opinión sobre asuntos relacionados con el Estado. Para el autor, "el mejor Estado no hará que el trabajador sea ciudadano", lo que significa que algunos deberían quedar fuera de las discusiones estatales (ARISTÓTELES, 2000, p. 220). Este es un tema relevante para el análisis aristotélico, ya que la composición del cuerpo de ciudadanos es un elemento fundamental para caracterizar la forma de un Estado – la democracia es el régimen en el que la mayoría es soberana; en el caso de la oligarquía, solo habría una minoría en esta condición, o incluso la monarquía que legitima a solo uno para el ejercicio de la política.

Además del criterio de ciudadanía, el propósito del Estado es el segundo factor principal, ya que determina el ejercicio del gobierno. En este sentido, ¿es el objetivo el bien común o el bien propio? Aristóteles

26 David Ross expresa esta diferencia en los siguientes términos: "la concepción aristotélica de ciudadano difiere mucho de la concepción moderna en que está dirigida no a un gobierno representativo sino a un gobierno directo. Su ciudadano no solo tiene su opinión sobre la elección de sus legisladores De hecho, cada ciudadano realmente debería gobernar cuando le toque, y no solo en el sentido de ser miembro del ejecutivo, sino en el sentido, mucho más importante para Aristóteles, de ayudar a redactar las leyes de su Estado, porque al ejecutivo solo le asigna la función, comparativamente menor, de completar las leyes cuando son inadecuadas debido a su generalidad. Es sobre la base de esta concepción elevada de los deberes del ciudadano que Aristóteles restringe estrictamente el cuerpo de los ciudadanos. El campesino o el agricultor, de quien se puede pensar que puede elegir a sus representantes, son naturalmente juzgados incapaces de gobernar realmente" (ROSS, 1987, p. 253)

establece que la aristocracia, la monarquía y la *politia* son formas que apuntan a la colectividad de los ciudadanos, mientras que la oligarquía, la democracia y la tiranía tienden a perseguir sus propios objetivos, por lo que son formas de constitución degeneradas – la oligarquía favorece a los ricos, la democracia a los pobres y la tiranía al tirano. El problema que subyace en el esquema aristotélico es el de los gobiernos que quieren al bienestar común. El autor no considera simplemente una forma ideal, lo que declara: "cuando el dueño único, o la minoría o la mayoría gobiernan consultando el interés general, la constitución es pura necesariamente; cuando gobiernan en su propio interés, sea el de uno sólo, sea el de la minoría, sea el de la multitud, la constitución se desvía del camino trazado por su fin" (ARISTÓTELES, 2000, p. 223-224). No existe una forma ideal de gobierno. Aristóteles no se olvida que todas ellas tienen porciones positivas y negativas y negativas y que en cualquier momento pueden desviarse del curso delineado. Debido a esto, lo mejor es uno que puede ser implementado, si no por todos, por la gran mayoría de los ciudadanos, de modo que favorezca el bien común de todos y permita que la *polis* alcance su objetivo. Y esto solo será posible a través de la forma mixta, el término medio entre la aristocracia y la democracia.

El escenario político ideal sería centrarse en el hombre más virtuoso, es decir, el que vive para la *polis* y ofrece lo mejor para todos los ciudadanos. Sin embargo, Aristóteles considera que la monarquía es inadecuada porque no puede unir la fuerza y la virtud. La aristocracia es la mejor forma de gobierno, pero su colapso proviene de la facilidad con la que vende cargos políticos porque no tiene una base económica permanente. Por otro lado, la democracia es inferior a la aristocracia porque se basa en una falsa noción de igualdad plena. La virtud democrática está en la decisión tomada por un gran número de personas, ya que la mayoría que toma una decisión colectiva es mejor que la minoría virtuosa. Por lo tanto, el gobierno constitucional, lejos de ser ideal, es capaz de ofrecer a los ciudadanos la mejor forma de vida, garantizando el respeto de la ley que salvaguarda la libertad política.

Capítulo II

Libertad e interioridad: desde la grecia al medievo

Después de la ruina de la *polis*, cuando Grecia sucumbió delante del Imperio Macedónico de Alejandro Magno y debido a que los pensadores habían abandonado el *locus* de la ciudad para encontrarse con un mundo ampliado por las misiones imperiales, llevó al apogeo de la libertad interior. En otras palabras, la noción de libre se encuentra en el autocontrol de las pasiones humanas. Esto significa que libre era aquel que actuaba solo en base a su voluntad, un objetivo logrado por el dominio de sus propios impulsos y pasiones. Tal alcance se lograría cuando los hombres volvieran su mirada hacia adentro y buscaran el autoconocimiento a través de la reflexión.

En este contexto se encuentra el pensamiento estoico, cuyo aspecto básico es valorar la conciencia para tener acceso al bien que está en el interior humano. Esta actitud, por lo tanto, representa el alejamiento estoico con el dominio político.

Cuando se trata de la noción de libertad cuyo *locus* se encuentra en la interioridad humana, el período medieval es extremadamente importante para haber llevado a cabo tales reflexiones durante siglos. Con el surgimiento del cristianismo, la religión oficial del Imperio Romano, los cristianos pudieron celebrar sus cultos y desarrollar su pensamiento libremente, lo que mejoró la difusión de su filosofía. Agustín de Hipona y Tomás de Aquino, como Doctores de la Iglesia, y Lutero, como reformador, mantuvieron una reflexión cuya contribución es sacar a la luz las diferentes perspectivas del libre albedrío.

En definitiva, se logró un importante desarrollo antropológico y moral durante este período, pero relacionado con la noción divina. El análisis de la libertad se vería una vez más como posible en el campo político solo con el fortalecimiento de la esfera pública al final de la Edad Media.

LA LIBERTAD EN EL PERIODO ROMANO Y EN LA FILOSOFÍA DE CICERÓN

La historia de Roma ha pasado por varios momentos distintos, desde la República hasta el Imperio. En toda su extensión, fue durante siglos el territorio más grande de la historia, solo superado por las conquistas británicas (desde el siglo XVI hasta el siglo XIX). Acerca de la historia romana, Martin Van Creveld (2004, p. 51-53) comenta que la mayoría de los imperios de la Antigüedad surgió cuando un jefe de una tribu gradualmente conquistó otras tribus contiguas, aumentando su poder y la extensión geográfica de sus dominios. Esto se puede observar en el caso de los incas, aztecas, asirios, babilonios, persas, árabes, mongoles y otomanos, y se desconoce el origen del imperio egipcio y chino.

Roma, sin embargo, tuvo su apogeo de una manera diferente: como Grecia, surge de una Ciudad-Estado. El primer problema político en Roma está estrechamente relacionado con este hecho, ya que, al ser una ciudad, su orden se constituyó para organizar la vida en esta dimensión de la convivencia humana. A medida que las conquistas se agrandaron y la extensión geográfica creció, descentralizando la municipalidad en provincias, la limitación de las leyes de organización se hizo más clara.

Cuando Roma se convirtió en un imperio, el Emperador era obviamente una figura prominente como fuente del poder del estado y una figura legitimada por Dios para el gobierno. Creveld comenta que "todos los emperadores eran gobernantes absolutistas que combinaban las funciones legislativa, ejecutiva y jurídica n sus propias personas", recordando dos dichos latinos relacionados con este hecho: *salus principis lex est* y *princeps legibus solutus est*, que dicen respectivamente que la ley es lo que es bueno para el emperador y el emperador está por encima de la ley misma (CREVELD, 2004, p. 55). La autoridad soberana del emperador representaba la propia potencia de su gobierno y era necesaria como una forma de control social. Muchos siglos después, Hobbes identificaría que el miedo es el elemento que configura la obediencia, ya sea a la religión o al gobierno imperial, y, por lo tanto, la constitución del Estado fuerte debería ser representada pelo Leviatán, de modo a causar pavor a su potencia[27]. Los emperadores romanos, por lo tanto, tenían un amplio dominio sobre sus súbditos.

Sin embargo, a pesar de esta centralidad en la figura del emperador, la historia romana está marcada por la evolución de un importante sistema legal que ejerció mucha influencia en los países occidentales. BÖCKENFÖRDE (2002, p. 189) comenta que es muy difícil sacar conclusiones definitivas sobre el origen y la estructura de este derecho. Sin embargo, el sistema legal romano era completamente diferente del griego. El aspecto central del derecho griego en el sentido de organización social eran los *nomoi*, vinculados directamente a los dioses mitológicos. Roma creó un sistema basado en el *ius* y *lex* que, gradualmente, se volvió profano. Además, el *modus* de resolución de conflictos – *iurisdictio* – se estaba consolidando.

Böckenförde explica que *ius* no designaba el derecho puesto, es decir, normas de conducta que establezcan prohibiciones y observaciones para la correcta conducta de las políticas de Estado, sino más bien intervenciones en la esfera privada y actos determinados por el juicio. A pesar de ser clasificado como profano, ya que no había surgido de la fe, la relación con la religión era directa, ya que la ruptura de la paz por el crimen era un trastorno a la *pax Deum*. Del mismo modo, la *lex* representaba un acto de autoridad: no era un ordenamiento abstracto dotado de universalidad, sino que tenía como objetivo resolver problemas concretos a pesar de que pudiera contener en su interior determinaciones aplicables a todos los ciudadanos. De hecho, también podría ser una determinación privada, como en el caso de los contratos – *lex contractus*. El perfeccionamiento del derecho y el ajuste de las costumbres a las normas del Estado se realizaban por los pretores.

Otra diferencia importante entre Roma y Grecia fue que el Estado romano se concibió en la concepción griega, pero para los griegos la *polis* era más importante que los hombres. La identidad de los griegos solo

27 La obra de Thomas Hobbes es objeto de estudio del Libro II de esta colección.

tenía sentido según la ciudad. Los romanos invierten esta concepción, dando mayor importancia a los *civis* – ciudadano – sobre la *civitas*. La *civitas* es la suma de *civis* (es decir, el término *civitas* es un derivado de *civis*). Por lo tanto, resulta que Roma no solo era la ciudad, sino también su gente. Por esta razón, la extensión del Estado coincide con cualquier lugar donde haya ciudadanos romanos. La mayor importancia dada al ciudadano se debe a su unión incluso antes de la Constitución da *civitas*, de la ciudad físicamente constituida.

Estas consideraciones son esenciales para comprender el período en que vivió Cicerón (siglo V a. C.). Roma en este período ya estaba en declive dado su gigantismo, ya que se sabe que cuanto más grande es el territorio de un Estado, igualmente más grande es el desafío de administrarlo. En este sentido, la política para Cicerón (1995, p. 23) es "esta cosa pública de la que derivamos el nombre de un régimen político". La política tiene la función de vincular al ciudadano con el pasado, más específicamente la fundación de Roma (753 a. C.) y la institución hábil para este propósito era el *Senatus Populusque Romanus*.

Una figura importante en este arreglo era la del político. Las características ideales imaginados por Cicerón para un político eran ingenio, persuasión, prudencia y acuerdo consigo mismo para no confundir los intereses de las personas con sus aspiraciones privadas Su figura era muy importante porque representaba el vínculo entre el ciudadano y el pasado. Por esta razón, los hombres en cargos políticos deberían ser los primeros en respetar el cargo al que están asignados y en llevar a cabo su trabajo como reflejo de esas características. El acto de gobernar, a su vez, es la preservación del acto inicial en memoria de aquellos que escaparon de la guerra y la reverencia delante de la fundación. En otras palabras, gobernar es perpetuar lo que fue construido por los antepasados. Para Cicerón (1995, 28-35), la idea de pueblo solo era posible cuando se verificaba la preservación del interés común, que es el propósito del Estado. Nuevamente, el autor exalta la figura del político: es él quien, por sus características, une a todas las personas como un pueblo gracias a su autoridad (reflejo de la fundación). El propósito de la naturaleza del pueblo, a su vez, era estar en unión. Tanto para los griegos como para los romanos, el fin del Estado era el bien común, pero sus puntos de partida eran diferentes: mientras que para los griegos la *polis* era vista como la evolución de la familia, para los romanos el mantenimiento del bien público era una exaltación a la fundación de Roma.

El concepto de libertad de Cicerón, a diferencia de los estoicos, todavía está inscrito en el contexto político, un legado helénico en medio de la tradición romana. Para el autor, la libertad solo se realiza verdaderamente cuando "el pueblo ejerce soberanía" (CICERÓN, 1995, p. 26). La filosofía de Cicerón se centra en la cuestión de la república como la mejor forma de gobierno posible.

En sus palabras:

> Cada pueblo, es decir, cada sociedad fundada en las condiciones que establecí; cada ciudad, o lo que es lo mismo, cada constitución particular de un pueblo, cada cosa pública, - y por lo tanto entiendo cada cosa del pueblo, - necesita, para ser duradera, ser gobernada por una autoridad inteligente que siempre se base en el principio que rigió a la formación del Estado. Bueno, este gobierno puede atribuirse a un solo hombre o algunos ciudadanos elegidos por todo el pueblo. Cuando la autoridad está en manos de uno, llamamos a este hombre rey y al poder de la monarquía; una vez que la supremacía se confía a algunos ciudadanos elegidos, la constitución se vuelve aristocrática; finalmente, la soberanía popular, según la expresión consagrada, es aquello en lo que todas las cosas residen en el pueblo, y si el vínculo que, en primer lugar, hizo que los hombres se agruparan en la sociedad para el bien público, permanece en todo su vigor, cada una de estas formas de gobierno, que no es perfecta ni la mejor posible, parecerá menos soportable y hará que su elección sea incierta entre las demás; de hecho, un rey justo y sabio, un número electo de ciudadanos distinguidos, el pueblo mismo, aunque tal suposición es menos favorable, puede, si la injusticia y las pasiones no los obstaculizan, formar un gobierno en condiciones estables (CICERÓN, 1995, p. 27).

La concepción de república en Cicerón se acerca al concepto del Estado de Derecho, ya que su definición es un cuerpo de ciudadanos bajo el imperio del derecho. A su vez, el autor se opone al valor del gobierno de los filósofos en comparación con el imperio de la ley. Argumenta que el derecho público y las costumbres son referibles a los designios de los doctores para la elaboración de las leyes y la conducción de la política.

A pesar de sus consideraciones, la concepción pública de la libertad que se encuentra en la obra de Cicerón es una excepción a la línea de pensamiento que se consolidó en ese momento. Bajo la influencia del estoicismo y, especialmente, con la decadencia del Imperio Romano del Occidente, la vida política en el mundo occidental se desvaneció, y la concepción de la libertad encontró respuestas en la interioridad humana.

EL ESTOICISMO Y EL COLAPSO DE LA *POLIS*

Los pensadores del estoicismo constituyen una tendencia dentro de la historia de la filosofía que surgió en Grecia trescientos años a.C., unos veinte años después de la muerte de Aristóteles. Históricamente, el estoicismo surge después del declive de la *polis* griega delante del dominio del Imperio Macedonio sobre Grecia, un imperio que fue sucedido por Roma. Durante el imperio de Alejandro Magno, Grecia experimentó un profundo acercamiento con la cultura oriental, que había influido mucho en el pensamiento de la época. Con la muerte de Alejandro en 323 a.C., el imperio se divide en cuatro reinos más pequeños liderados por generales macedonios que fundaron dinastías militares para mantener su poder sobre la región. Estos reinos se organizaron como una unidad administrativa y económica, una organización con características y forma de vida opuesta a la de la *polis* autónoma y autodeterminada de sus tiempos áureos, un hecho que estalló en su decisivo fin. Como escuela filosófica, el estoicismo ha mantenido su influencia durante cuatrocientos años y está compuesto principalmente por autores griegos y romanos. Se consideran tres generaciones de pensamiento estoico. La primera generación es la antigua, fundadora, compuesta por Zenón, Antígono, Cleanto e Crisipo. La generación promedio está representada por Antípatro, Panecio de Rodas, Posidonio y Cicerón. El último grupo de pensadores estoicos, la nueva generación, son Séneca, Epíteto e Marco Aurelio, todos romanos.

Este es el panorama político fundamental en el que floreció el estoicismo, la era imperial, y fue crucial para cambiar el paradigma de la filosofía, ya no centrado en el mundo de la ciudad griega, sino en el nuevo mundo – la *cosmópolis* – que surgió para los pensadores griegos herederos de la era clásica, un universo lleno de nuevos cuestionamientos y significados debido al intercambio geográfico y cultural. La comprensión de este nuevo escenario es elemental para deducir la alteración significativa conferida con respecto a la libertad, que se elimina del mundo de la *polis* y solo se encuentra en la interioridad humana. Según Ernst Böckenförde (2012, p. 170) la filosofía ya no se preocupa por el entorno de la *polis* sino que se apropia de un contenido de autoafirmación humana, convirtiéndose en *medicina mentis*[28]. Su base científica es la lógica, la física y la ética, que no se corresponde necesariamente con las delimitaciones contemporáneas de tales ciencias. Marcus Reis Pinheiro (2010, p. 03) comenta que en el campo de la física se estudió la teología, ya que los Dioses son parte de la *physis*, y el objeto de estudio de la lógica también fue la teoría del conocimiento. Además, las tres áreas tenían división orgánica, es decir, la asimilación sería posible solo con el estudio de su totalidad, nunca de manera fragmentada.

Tal transformación saca el pensamiento filosófico del mundo político y lo arroja al interior, en busca del autoconocimiento, cuya corrección de actitudes determinaría las acciones éticas en el mundo, un rescate de

28 Al respecto, Roberto Radice (2008, VI) comenta que "Il saggio stoico doveva esprimere le virtù di cui era dotato non solo in vita astratta, ma praticamente nella vita quotidiana con una condotta coerente, e addirittura visivamente, come se la forza interiore riuscisse a trasformare l'aspetto fisico, rendendo lo specchio della perfezione morale. Questa caractteristica há fato si che lo stoicismo potesse contare, appunto per la via della figura del saggio, su una specie di aparato mediatico, che ne moltiplicava l'attrattiva e il prestigio e in definitiva ne facilitava la diffusione".

la filosofía socrática exaltante de la virtud y la razón. Esto no significa que los estoicos proclamaran la *apolitia*, es decir, que ignoren la política como parte de la realidad humana. Toda ley humana sería buena en comunión exacta con la ley universal que guía el cosmos. Los estoicos, en general, tenían una profunda devoción por una fuerza ubicada sobre los hombres, una inteligencia divina que gobernaría el mundo. Es el *logos,* la ley universal inmanente al cosmos. Por esta razón, la teología debería ser parte del estudio de la física. Y es a través de la razón que los seres humanos alcanzan y entienden esta universalidad que los inspira y los dirige a su vida cotidiana. La cognición de la ley universal está reservada solo para los más sabios y virtuosos, que serán los legisladores para así preservar la armonía entre la ley trascendente y la ley inmanente. ¿Y cuál es la legitimidad del derecho humano delante de la existencia del derecho universal? Esto se debe a que la gran mayoría de las personas nunca alcanzará el nivel de conocimiento y sabiduría necesarios y, por lo tanto, necesitará una legislación inmanente para guiar sus vidas en el mundo.

En lo que respecta al conocimiento humano, los estoicos se apartan de las enseñanzas de Platón y Aristóteles, especialmente en relación con las formas de concebir la verdad. Para los dos grandes filósofos griegos, la comprensión de la verdad consistía en la correspondencia total entre la representación mental y la situación real de las cosas; para Zenón, por ejemplo, considerado el padre del estoicismo, la verdad consiste en la comprensión total del objeto que la mente está obligada a analizar. En la obra de Böckenförde (2012, p. 171) es posible notar que el estoicismo determina un actuar rectilíneo, incluso con obligaciones para con la sociedad. De lo contrario, su gran contribución fue pensar en un modelo más allá del concepto de *polis* griega, instituyendo un nuevo sentido de logos (lógico, físico y espiritual). Asumiendo que la verdad consiste en la comprensión completa del objeto, el estoicismo enfatizó que la virtud para la convivencia entre los hombres surgió de un contenido moral previo y no de las relaciones del estado social o la ciudadanía, afirmando el endurecimiento de la oposición entre el vicio y la virtud.

LIBERTAD Y ESTOICISMO: DEL INTERIOR DE LA *POLIS* A LA INTERIORIDAD DE LOS HOMBRES

Aunque concibieron una visión política del mundo, a pesar de su enfoque centrado en la razón teórica, en algún momento el pensador tendría que abandonar el mundo de las ideas y regresar a la vida material dentro de la caverna, en analogía al filósofo de Platón, la chispa determinante del pensamiento estoico se centró en el mundo contemplativo, que necesariamente altera el significado actual de libertad.

Frente a este notable proceso en el que el mundo griego atravesó, tanto política como culturalmente, la filosofía en el período del estoicismo enfrentó una transición: bajo los escombros de la *polis* subyace la noción de libertad política, conquistada por la participación en la esfera pública. La libertad a partir de entonces y a lo largo del medievo se centrará en la interioridad del individuo, siendo rescatada de la profundidad de los seres al mundo político nuevamente solo con el renacimiento urbano a fines de la Edad Media.

Roberto Radice (2008, XXX) que la definición actual de libertad estoica se encuentra en Crisipo, cuya inferencia es la posibilidad de que pueda actuar de acuerdo con su propio querer de acuerdo con la naturaleza. La naturaleza humana es la razón. Libre es aquel que, valiéndose de ella, contiene sus propios impulsos para actuar como le plazca. En otras palabras, es libre de descubrir a qué aspira su propio destino. En esta fórmula que condiciona la razón como una posibilidad para alcanzar la virtud, sabio es el que logra tales intenciones[29].

29 En las palabras de Radice (2008, XXX): "Siccome la natura especifica dell' uomo è la ragione, e in senso lato potremmo dire la conscienza, ecco che l' âmbito in cui va definendo si la libertà si coloca nella interiorità dell' uomo. A questo punto, libero è colui che riesce a mantenere il proprio assenso e il proprio impulso al riparo da ogni condizionamento e cioè da ogni passione: quindi in definitiva, libero sara l'uomo virtuoso e schiavo l'uomo vizioso". Acerca do homem sábio, o autor comenta que "il saggio è libero non solamente perchè non patisce i condizionamenti dele passioni, ma anche per il fato di poter fare tutto «a proprio pia-

A este respecto, Böckenförde señala:

> El objetivo es la plena armonía del hombre consigo mismo; ahí es donde encuentra su felicidad y su libertad. Para los estoicos esto está asociado con una amplia independencia del mundo exterior y sus eventos. En cierto sentido, el sabio estoico está en sí mismo; debido a su propia seguridad y su serenidad, nada puede desestabilizarlo. Se vuelve internamente inalcanzable y su mayor libertad reside allí, incluso cuando se ve privado de su libertad exterior y le sucede alguna injusticia. El concepto de libertad adquiere una nueva dimensión, una dimensión interna basada en la libertad interior (BÖCKENFÖRDE, 2012, p. 180).

Una de las facetas estoicas, apropiada por el cristianismo después, es la idea de destino ejercida por la ley de la causalidad. Dado un conjunto dado de hechos, sería imposible concebir un resultado diferente al predeterminado por las condiciones anteriores. Este proceso forma un vínculo causal necesario que conduce a una sucesión de eventos. En esta línea de razonamiento, el propósito de todas las cosas es el bien: todo contribuye a que el hombre se vuelva más virtuoso. La figura del Dios estoico está en enlace que combina hechos determinados y destino. Así, "el estoicismo unifica una concepción materialista y determinista del destino con una providencia divina que organiza todo para lo mejor" (PINHEIRO, 2010, p. 07).

Junto con este concepto, aquí surge una controversia lógica: el determinismo causal y la libertad son conceptos demasiado opuestos. En otras palabras, cuando se trata de una noción determinística sobre la vida, la aporía fundamental resultante es la imposibilidad de hablar de libertad. Entonces, ¿cómo es posible asignar una concepción de la libertad al estoicismo? Pinheiro recuerda que los estoicos crean en el determinismo total, pero también en el esfuerzo humano de transformación personal Con conocimiento y reflexión, el hombre sería capaz de leer y comprender el alfabeto de la *physis*, de lo que está determinado, y dejar

cimento»: in uma parola, è onipotente, perché, uniformando il próprio volere a questo del destino e volendo quello che il destino vuole, senza eccezioni".

de sentirse frustrado con elecciones imposibles. Desde este punto de vista, solo los sabios son libres: "el sabio sabe qué tipo de cosas pueden y no pueden esperar de la vida, y, por lo tanto, no se enfada con las eventuales necesidades que les suceden" (PINHEIRO, 2010, p. 09). Por lo tanto, a pesar de que la vida tiene procesos inalterables, libre es aquel que se conoce a sí mismo y no se deja llevar por elecciones que traerían falsas expectativas. Es decir, la libertad se la encuentra por aquel que aprende a aceptar y a convivir con el hecho inalterable por la fuerza de la inmutabilidad del cosmos.

En este principio cosmológico de mundo que guía la vida humana, la felicidad (*eudaimonia*) de los estoicos es tener una vida guiada por la razón, dominando los impulsos y las pasiones, para adaptarse conscientemente a la razón universal. Virtuoso es el hombre que tiene un deseo incesante de conocimiento. Este es el propósito del hombre para el estoicismo: el desarrollo del *logos* en cada persona. Según Böckenförde (2012, p. 177), "ese *logos*, sin embargo, no son los del campesino, del artesano, del esclavo o del hombre libre, sino el de la persona, se trata del desarrollo de la capacidad racional propia de todas las personas". La filosofía defendida por los pensadores estoicos, en general, se relaciona con la conciencia en un retorno a sí mismo, una mirada a la interioridad que permite un conocimiento verdadero y absoluto de la psique humana. El instrumento que permite el autoconocimiento es la reflexión realizada por el diálogo del yo conmigo mismo.

Según Abbagnano (2007, p. 186), no parece que la Grecia clásica realmente haya conocido la realidad de la conciencia y esto tiene una justificación: este *locus* antropológico surgirá de la oposición entre interioridad y exterioridad, es decir, cuando el hombre está llamado a retirarse del mundo para tomar la sabiduría, actitud que no se ajustaba a la lógica de la filosofía política de los clásicos. En Platón, lo que más se acerca a la conciencia es una definición de opinión o pensamiento como el diálogo interno del alma consigo misma. A su vez, no hay contribución sobre la interioridad en la filosofía aristotélica.

De hecho, es con los estoicos que este movimiento en el alma tiene lugar como un medio para alcanzar un alto conocimiento y la oposición definitiva entre los dos mundos. Abbagnano cita a Filón, cuya inmersión en la interioridad revelaría la ley suprema o la verdad, un sentido que se acerca a los textos de la Biblia cristiana, como Eclesiastés y Epístolas de Pablo de Tarso; y Plotino, que entiende la conciencia como un retorno a sí, oponiéndose precisamente a la existencia de los dos mundos, uno es la percepción de lo que se hace y el otro da acceso a la realidad interior del hombre. El verdadero sabio es aquel que se retira en sí mismo, sin las manifestaciones y los placeres del mundo exterior, ya que es en el interior donde uno encontrará lo Bello inteligible, que revela el propio Bien, es decir Dios. Según Plotino, apud Abbagnano (2007, p. 186-187), "uno debe volver a sí mismo y convertirse en lo que quiere mirar. Un ojo nunca verá el sol sin volverse como el sol, ni un alma verá lo Bello sin ser bello. Por lo tanto, quien quiera contemplar a Dios y lo Bello debe empezar siendo como Dios y lo Belo".

Así, desde la caída de la *polis*, a noción de libertad abandona el espacio político y pasa a ser comprendido en el ámbito de la interioridad, de la antropología filosófica. Este movimiento encuentra su apogeo en la era del cristianismo y la cercanía de este concepto a la figura de la divinidad.

LA CONCEPCIÓN DE LA LIBERTAD PARA LA PATRÍSTICA Y LA ESCOLÁSTICA

Agustín de Hipona y las reflexiones acerca del libre albedrío

El cristianismo, que había adquirido estabilidad cuando Constantino I determinó el fin de la persecución de los cristianos a través del *Edictum Mediolanense*, en 313, gana el estatus de religión oficial del Imperio Romano en 380, con el *De Fide Catolica* o Edicto de Tesalónica de Teodosio I. De hecho, los cristianos han obtenido el respaldo político necesario para fomentar su consolidación como religión, dada la influencia que ya tenían en el imperio por el creciente número de sus seguidores. Por lo tanto, carecían de pensadores exegéticos que interpretaran los textos evangélicos para la formación de la liturgia de la nueva iglesia. El alcance de esta tarea era tratar los problemas lógicos en sus formulaciones y corregir las incongruencias teológicas, sentando las bases de la institución eclesiástica.

El distanciamiento del cristianismo de la tradición mística de Grecia es muy claro al absorber el monoteísmo como legado del judaísmo. De hecho, se establece la íntima relación dialógica entre creador y criatura, en total oposición al naturalismo cósmico griego. A finales del siglo IV, Agustín de Hipona, proclamado doctor de la Iglesia en 1298, saca a la luz acerca de una gama de temas doctrinales y exégesis bíblicos. Valiéndose de la duda como método, se apropia de la teoría de Platón sobre la autonomía existencial de las ideas, cuyo *locus* está fuera de los individuos, para asignar la existencia del Dios cristiano. A diferencia de los estoicos, que tenían en el cosmos la fuente del *logos* y del destino logrado por el conocimiento, Agustín vincula la existencia de las ideas en Dios como un reflejo del propio ser y existir.

El conocimiento divino se vuelve factible a través de la gracia de Dios derramada sobre los seres como un don gratuito que necesita ser practicado y perfeccionado gradualmente. Es la llamada Teoría de la Iluminación[30], por la cual Dios permite que el ser humano venga a él El pensamiento de Agustín a este respecto tiene una profunda semejanza con la teoría platónica de reminiscencia, es decir, hay ideas predeterminadas que deben conocerse desde la salida de la caverna hacia la luz.

LA AMBIVALENCIA DE DIOS Y DEL MAL

Una de sus primeras reflexiones postbautismales fue la cuestión del mal. Agustín ya se había encontrado con este problema central para el

30 La teoría de la iluminación de Agustín de Hipona se basa en la creencia de que Dios ilumina los pensamientos humanos para que puedan nutrir la fe, que conducen a Él.

cristianismo y aún no lo había resuelto. De estas investigaciones surgieron varios cuestionamientos: dado que el Dios cristiano es bueno, rico en excelencias y virtudes, ¿cuál es el origen del mal? Si todas las cosas fueron creadas por él, ¿se deduce que el mal tiene su fuente creadora en Dios? ¿Cómo puede un ser perfecto en sí mismo concebir algo imperfecto? Tales dudas se tratan en la obra *Del Libre Albedrío*, en la que el autor aborda la temática de la libertad y el origen del mal moral. Entrelazado con este problema de la fe religiosa está la pregunta relevante para los cristianos sobre las causas del pecado.

En términos generales, Agustín cree en la existencia de una libre disposición de los seres humanos para seguir a Dios, un consentimiento voluntario cuya fuerza impulsora sería la búsqueda de la sabiduría y la fe. Ahí estará la verdadera libertad. Sin embargo, los seres humanos tienen la capacidad de elección tanto para el bien que es Dios como para el pecado; cuando eligen el pecado, lo hacen porque así desean. Así, el análisis de la libertad del pensador será contiguo al elemento de la voluntad humana. En este panorama general de su obra principal, ya se hace posible concebir que, como los estoicos, no habrá digresiones sobre la libertad política en la obra del doctor de la Iglesia. Su enfoque fundamental es la interioridad humana, "ambiente" personal de la libertad o de la esclavitud, dependiendo de las elecciones personales.

La obra fue concebida como una respuesta a los maniqueístas – grupo al que Agustín había pertenecido antes de su conversión, alrededor del año 386 – que atribuyó a Dios una faceta maligna. El texto doctrinal se construye en forma de diálogo que permite la deducción de conceptos que generan nuevos cuestionamientos y conclusiones. El pórtico d'*el Libre Albedrio* es la pregunta de Evodio acerca del origen del mal. Agustín ya había tratado este tema en el *Diálogo Sobre a Ordem*, cuando había recomendado la dedicación al orden de los estudios y la racionalidad que permitiría analizar la existencia de Dios y la evidencia del mal. Ya en *Del Libre Albedrío*, como es un diálogo doctrinal para expurgar de Dios cualquier responsabilidad por la creación del mal en el universo, Agustín refuta las tesis discutidas por los oponentes maniqueístas para, a su debido tiempo, presentar su posición: el origen del mal radica en la libertad, es decir, en el libre albedrío de la voluntad humana. Dios no es el origen del mal; es del ser humano de quien él parte, es decir, hay el pecado porque los hombres lo quieren. Y por esta razón, el pensador analiza los elementos de la actividad humana para encontrar su liminar (razón, ley, interés propio, influencia de los deseos).

El primer tema del análisis agustiniano será la razón. Es natural que ella sea su primer foco, ya que los humanos son seres racionales y la usan durante toda su vida. ¿Estaría el mal en su indebida utilización? En otras palabras, ¿se perpetraría el mal por falta de conocimiento por sí mismo? Para el autor, el mal no está en la ausencia de conocimiento o en la falibilidad de la sabiduría de los maestros. Por el contrario, la sabiduría es una virtud accesible a todos los seres racionales, siempre que libremente lo decidan por ella. Es a través de ella que se sabe la Verdad. Al igual que el sabio platónico que se libera de los grilletes mediante el uso de la razón y, a través de ella, evade la caverna que lo aprisiona en el mundo material, la razón para el filósofo cristiano no es el origen del mal, sino el medio por el cual uno llega al Bien Supremo.

Utilizando esta metodología analítica, en el afán de encontrar los orígenes de la existencia del mal en el mundo, Agustín enumera otras cuestiones que podrían distorsionar el actuar humano y analiza hipótesis: si ciertas acciones humanas – como el homicidio, el adulterio y el sacrilegio – serían establecidas por la existencia de una legislación – es decir, si la ley prohibitiva de tales acciones pudiera inducir su práctica –, si el interés propio, por encima de los demás, favorecería sus prácticas, e incluso si la influencia del deseo de cometer ciertos actos, especialmente el adulterio, sería el epicentro del mal en los hombres – una idea que también se descarta, ya que la pasión no es un acto en sí mismo, pudiendo influir el actuar de manera ambivalente en la práctica de algo bueno o algo malo (AGUSTÍN, 2001, p. 110-122).

En el caso de esta ambivalencia de la pasión, si se usa la razón dirigida por Dios, el hombre será llevado a la buena voluntad, y cuanto más claro sea, más claro será el ejercicio de sus cuatro virtudes cardinales –

prudencia, fuerza, justicia y templanza. De lo contrario, será conducido al mal. Todo depende de su elección. Por lo tanto, la hipótesis de Agustín es que la voluntad (albedrío) puede conducir a los seres humanos a Dios o al mal, y ahí radica su origen. Todos tienen voluntad. El querer es un acto de albedrío pendular, una oscilación bidireccional. Y el manantial del pecado radica en las malas voluntades, en las elecciones deliberadas de satisfacer las pasiones. La voluntad, por lo tanto, es un elemento central en esta investigación cuyo objetivo es señalar la libertad que subyace a las elecciones fomentadas por la voluntad.

A este respecto, Böckenförde (2012, p. 241) comenta que, en Agustín, la voluntad es la principal fuerza impulsora. El conocimiento de un objeto ocurre solo por la voluntad que emerge de la interioridad humana. Esta es la importancia de este concepto en el análisis general del mal: el origen del mal radica en la ausencia de Dios, es decir, cuando a través de su libertad los seres humanos manifiestan volición a lo largo de un camino que lo alejen del Bien. Ahora bien, si no existiera la libertad para el pecado[31], el hombre simplemente no podría pecar. La fuente del mal reside en esta predilección deliberada, en la voluntad no afiliada a Dios. La imagen del pecado original es exactamente la desobediencia de Adán a la orden del creador de usar todos los frutos del jardín del Edén, excepto el árbol de la fruta prohibida. La metáfora del umbral del mundo para el cristianismo retrata la elección desobediente de los hombres en función de su voluntad, en la que subyace un impulso de libertad [32]. El catecismo de la Iglesia Católica, al tratar la desobediencia de Adán al

31 La etimología de pecado, en este caso, adquiere cercanía al concepto del mal en Agustín, que es la ausencia de Dios.

32 En su Carta a los Romanos (capítulo 5º, versículo 19), Pablo dirá que "por la desobediencia de un hombre todos se volvieron pecadores", en referencia al pecado original de Adán, cuando éste desobedeció el mandamiento divino. El texto bíblico prosigue diciendo que "por la obediencia de uno solo, todos han se volvieron justos". Aquí la remisión es clara para Jesucristo que, como será tratado, permitió a los seres humanos redescubrir la gracia divina y orientar nuevamente sus voluntades hacia el camino que conduce a Dios.

mandamiento de Dios, afirma que su ocurrencia se debió únicamente por el abuso de su libertad, lo que lo llevó a desconfiar de la bondad de su creador [33].

Esta constatación puede dar lugar a una declaración y a una duda: de que el albedrío es, por lo tanto, un mal; y, ante tal naturaleza, ¿cuál es la razón por la que Dios simplemente no lo privó de los hombres, haciéndolos seguir a penas el camino establecido por su voluntad omnisciente? Primero, la duda sobre la naturaleza del albedrío está presente tanto en Agustín como en Tomás de Aquino. Ambos consideran el albedrío una dádiva. Agustín dirá que el albedrío es un bien, ya que puede usarse para construir buenas actitudes que conducen a la verdadera libertad (libre elección por Dios). Sin embargo, la voluntad tiene un carácter ambivalente porque, a pesar de ser buena, puede usarse negativamente, dada la insensatez humana[34]. Al igual que la visión o el habla, que son bienes, pero pueden usarse para el mal, la libertad puede llevar al hombre a la destrucción de sí mismo. Por lo tanto, las malas elecciones son el fruto de la libertad humana y, por lo tanto, Dios no es la fuente del mal.

33 Esta mención se expresa en el párrafo 397 del Catecismo de la Iglesia Católica. Menciona lo siguiente: "tentado por el Diablo, el hombre ha dejado morir en su corazón la confianza en su Creador. Al abusar de la libertad, ha desobedecido el mandamiento de Dios. Este fue el primer pecado del hombre. A partir de entonces, todo pecado será una desobediencia a Dios y una falta de confianza en su bondad". Y en el párrafo siguiente: "en este pecado, el hombre se prefirió a sí mismo que a Dios, y por eso despreció a Dios: se eligió a sí mismo contra Dios, contra las exigencias de su condición criatura y, por lo tanto, contra su propio bien. Constituido en un estado de santidad, el hombre estaba destinado a ser plenamente "divinizado" por Dios en gloria. A través de la seducción del Diablo, quiso "ser como Dios", pero "sin Dios, en vez de Dios, y no según Dios"". Disponible en: http://www.vatican.va/archive/cathechism_po/index_new/p1s2c1_198-421_po.html. Acceso en: 17/07/2017.

34 La insensatez es, en efecto, la ignorancia – no cualquiera, sino la que conlleva el vicio – de las cosas que deberían desearse o evitarse. Por lo tanto, no llamamos insensato al animal desprovisto de razón, por no haber recibido la capacidad de volverse sabio. (AGUSTÍN, 2001, p. 233)

Otra posible pregunta es la de la omnisciencia: si Dios lo sabe todo, ¿por qué le permite al hombre pecar? Como señala Tércio Sampaio Ferraz Junior lembra, "la gracia divina le permite al hombre hacer lo que quiere, pero no le obliga que quiera lo que puede", es decir, le permite hacer lo que su voluntad desea y no le exige que siga sus pasos de fe (JUNIOR, 2002, p. 88). Entonces, ¿por qué Dios proporcionó a los seres humanos esta capacidad volitiva en que puede ocurrir el alejamiento entre creador y criatura? Según Agustín, Dios quiere que los seres humanos lo elijan libremente, que actúen de acuerdo con sus enseñanzas y de acuerdo con la ley eterna. Esta es la razón de la existencia de la libertad (AGUSTÍN, 2001, p. 142). Por otro lado, si eligen o desean algo que no sea el bien, los hombres quedan a merced de la justicia divina.

La existencia del libre albedrío presupone a la existencia de la responsabilidad, ya que una decisión tomada libremente por un camino que no conduce a Dios, legitima la actuación de la justicia divina. Para Agustín, Dios es sinónimo de justicia. Todas las actitudes humanas le son conocidas. Según sus prescripciones sumadas a su sentido común justo, no puede dejar de recompensar lo que le agrada, o no dejar de castigar a quien no sigue sus preceptos. Según el pensador, "¿cuán efectivamente el castigo recaería justamente sobre aquellos que hicieron uso de la voluntad de acuerdo con el fin para el cual nos fue dada?" (AGUSTÍN, 2001, p. 147-149). Por lo tanto, la inexistencia de la libertad para realizar acciones personales impediría la actuación de la justicia divina y la elección del bien, porque no habría elección, sino solo una imposición. La libertad volitiva legitima el pretorio de la justicia divina. El filósofo cristiano reconoce que no hay acciones buenas o malas que no se hagan voluntariamente; por esta razón, "si un ser humano no tuviera libre albedrío, tanto el castigo como la recompensa serían injustos".

En esta ocasión, Agustín ya tiene respuestas predeterminadas: sabe que todos tienen una voluntad. La finalidad del albedrío está en querer libremente a Dios. Pero ¿en qué consiste el albedrío ordenado para una buena elección, es decir, hacer el buen uso de la libertad para los parámetros divinos pensados por Agustín? Según el autor, "la libertad es verdadera solo para aquellos que son felices y se adhieren a la ley eterna" (AGUSTÍN, 2001, p. 135). La ley eterna es la razón suprema. Seguir sus preceptos determina la rectitud o el pecado, es decir, si el sujeto sigue el camino de Dios o si su voluntad lo llevará por un mal camino. Étienne Gilson advierte que "el efecto propio de la Ley promulgada por Dios fue precisamente hacer que los hombres se den cuenta de su culpa. La Ley, por lo tanto, no vino para traer el pecado al mundo, porque ya estaba allí, ni para erradicarlo, porque solo la gracia puede hacerlo". Y concluye diciendo que la Ley "simplemente vino a mostrar y dar al hombre, con el sentimiento de su culpa, el de la necesidad de la gracia" (GILSON, 2000, p. 291).

Los designios divinos para la conducción de la vida de sus criaturas fueron incorporados en la Ley, que se hizo posible para la voluntad humana a través del sacrificio de Jesucristo. Solo con su muerte se expurgó el pecado original y los seres humanos tuvieron la oportunidad de alcanzar el Bien nuevamente. La orientación de la voluntad a Dios, que es el Bien, ocurre por gracia divina, otro concepto importante en la filosofía agustiniana. No es decisivo para la existencia o no de la libertad, ya que todos tienen libre albedrío, independientemente del temor a Dios. Para Agustín, libre es alguien que posee la gracia divina, porque dirige su vida al recto camino. El hombre no es un ser autárquico: ser libre depende de Dios y de su gracia. Sin este fundamento, sucumbirá delante del pecado y se convertirá en su esclavo. Éttiene Gilson (2006, p. 303-311) comenta que el concepto de gracia para el pensamiento agustiniano se puede delinear como "lo que le da a la voluntad la fuerza para desear el bien o para hacerlo".

La relación entre libertad, voluntad y gracia en el pensamiento agustiniano se expresa en Gilson de la siguiente manera:

> Se requieren dos condiciones para hacer el bien: un don de Dios que es la gracia y el libre albedrío. Sin libre albedrío no habría problemas; sin gracia, el libre albedrío (después del pecado original) no querría el bien o, si lo quisiera, no podría hacerlo. La gracia, por lo tanto, no tiene el efecto de suprimir la voluntad, sino de hacerla buena, porque se ha vuelto mala. Este poder de usar el libre albedrío es precisamente la libertad. La posibilidad de hacer el

mal es inseparable del libre albedrío, pero el poder de no hacerlo es la marca de la libertad. Y el hecho de que uno sea confirmado en gracia, hasta el punto de que ya no puede hacer el mal, es el grado supremo de la libertad. Por lo tanto, el hombre que está más completamente dominado por la gracia de Cristo será el más libre también (GILSON, 2006, p. 311-312).

De esta manera, es através de la gracia que un ser humano puede buscar a Dios y ser libre. Es la gracia la que preserva el libre albedrío y alcanza la libertad. ¿Cuál es su efecto en la libertad? El hombre caído no estaba dispuesto a seguir la Ley eterna. Bajo el estado de gracia, seguir los preceptos divinos se convierte en un acto de disposición voluntaria, porque "para libertad fue que Cristo nos hizo libres" (Epístola de San Pablo a los Gálatas, capítulo 5º, versículo 1º)[35]. En sentido contrario, se puede deducir que el pecador es el que ha obtenido la gracia de conocer y seguir los mandamientos divinos, pero deliberadamente, es decir, por libre elección, prefiere la lujuria y el deleite en el pecado. Por lo tanto, el efecto de la gracia sobre la voluntad es de renovación por el dominio sobre el cuerpo y las cosas materiales: "lejos de abolir la voluntad, la gracia rehace una buena voluntad, libérala". Para Agustín, por lo tanto, la voluntad humana es libre para elegir a Dios o, al renunciarlo, de adherirse a una vida de pecado. Los pecados esclavizarán a su perpetrador mientras que la elección de Dios permite el logro de una vida libre y feliz junto al creador, el propósito de la existencia humana.

LA LIBERTAD EN TOMÁS DE AQUINO

Nueve siglos separan a Agustín de Hipona y Tomás de Aquino. Aunque el cristianismo proclamado por ambos mantuvo la línea pastoral, el período histórico entre los pensadores es demasiado distinto: mientras

35 Así, se nota en San Agustín que hay un remanente de predestinación humana que será objeto de análisis por parte del reformador Juan Calvino, más de un milenio después.

Agustín vivió en vísperas del final de la antigüedad, con la progresiva ruina del Imperio Romano y el continuo ascenso del cristianismo, los contemporáneos de Tomás de Aquino ya estaban inmersos en el medievo, concretamente en la Baja Edad Media, y en la lucha contra el sectarismo religioso por parte de la Inquisición católica. La principal transformación que tuvo lugar mientras tanto fue el asedio y la conquista de Roma por Alarico en el año 410, que prefiguró el colapso del Imperio Romano del Occidente en 476.

De hecho, la inseguridad generada por las invasiones bárbaras, la debilidad económica y la pérdida de expresividad de las ciudades debido a la baja densidad de población lanzaron al mundo europeo al feudalismo y al medievo. En general, este gran período de la historia puede dividirse en cuatro momentos: desde la caída del Imperio Romano hasta la consolidación del Sacro Imperio Romano Germánico (siglos V al IX); el segundo período se caracteriza por las reformas monásticas y políticas en la Iglesia, Investiduras y Cruzadas (siglos X y XI); luego, el período de la escolástica y el florecimiento de las universidades (siglo XIII); y, por último, el debilitamiento del lastre entre la fe y la razón, el rescate del humanismo y el renacimiento urbano (siglos XIV y XV).

El período histórico en el que vivió Tomás de Aquino fue particularmente turbulento en términos políticos, sociales, culturales y religiosos. En la esfera política hubo un intenso choque entre el poder secular y el eclesiástico[36] para definir las atribuciones políticas de la Iglesia después de la Querella de las Investiduras[37] (1057-1122). A nivel cultural, el mundo

36 En el período de la Edad Media, la corona real y la mitra episcopal compiten intensamente por la delimitación de sus atribuciones políticas hasta el punto de paralizarse: "al intentar servirse los unos de los otros, reyes y obispos se neutralizan mutuamente y se paralizan: la Iglesia intenta dirigir el Estado y los reyes gobernar la Iglesia" (LE GOFF, 2005, p. 61).

37 BÖCKENFÖRDE (2012, p. 269-270) comenta que la unidad que había tenido lugar en el mundo político-religioso dirigido por la Iglesia se rompió gracias a la Querella de las Investiduras, que era responsable por la sección de las Iglesias del

europeo estaba en ebullición con el redescubrimiento de las obras de Aristóteles a través de los árabes, proporcionando una intensa discusión en el medio académico y teológico[38]. Otro hecho esencial es la aparición de universidades que promovieron un cambio cultural en la sociedad, ya que la enseñanza y la reflexión estaban enclaustradas en los monasterios hasta entonces. En religión, la Iglesia había comenzado la operación para la persecución y el juicio de los herejes, bajo el Derecho Canónico y materializado por los Tribunales de la Santa Inquisición. Agitado fue también el siglo dentro de la Iglesia misma, con el surgimiento de las llamadas órdenes religiosas mendicantes (como los franciscanos, dominicanos, agustinos y carmelitas) denunciaron la desviación a través de la cual atravesaba el clero con la acumulación continua de riqueza y progresivo acercamiento con el poder secular.

El pensamiento de Tomás de Aquino está fuertemente marcado por el signo religioso. Fue un teólogo cristiano, lo que no significa que no haya sido un filósofo importante. Su filosofía había propuesto una reflexión completa y más actualizada del cristianismo practicado en ese momento, rivalizando con los seguidores de Agustín. A este altercado, subyace el renacimiento del helenismo por la influencia de Platón y Aristóteles en los autores cristianos. En este campo, dado su refinado trasfondo aristotélico, Aquino creía que el significado de la filosofía se distorsionaba cuando solo servía para la comprensión de la teología: antes de esto, el pensamiento filosófico estaba dotado de un método de conocimiento racional y empírico para la percepción del mundo.

occidente y del oriente (la Iglesia oriental era la Bizantina, en el entonces Imperio Romano del Oriente que sobreviviría hasta 1453). Otro aspecto importante de la Querella fue la lucha de la Iglesia con los soberanos para restringir su intrusión, especialmente del emperador, al elegir las investiduras para los puestos eclesiásticos. La resolución se tomó con el Concordato de Worms, de 1122, que confirió el derecho del soberano a nombrar obispos seculares en su territorio, pero sin ninguna autoridad sagrada que permanecería con el papa.

38 Tomás de Aquino es coadyuvante a este respecto, ya que era un arduo estudioso de Estagirita, obviamente relacionándolo con sus discusiones teológicas.

De hecho, al apropiarse del realismo aristotélico como un método para comprender las cosas que lo rodean, Tomás de Aquino creó una profunda división dentro del cuerpo clerical más aficionado al conservadurismo, los seguidores de Agustín, que se valían del idealismo platónico. De esta manera, la metodología naturalista, empírica ofreció al pensamiento tomista una mirada aguda y más amplia sobre varios temas, entre ellos la cuestión de la libertad. Para el autor, la libertad humana es incuestionable, y esto se justifica al menos por dos razones: sin ella no sería posible distinguir a los justos de los injustos, la actitud meritoria de los pecados[39]; y también porque cada elección hecha presupone la aceptación de una cosa y el rechazo de otra, lo que denota un actuar libre, noción que está relacionada con un carácter fenomenológico moderno.

Anderson Machado Rodrigues Alves (2011, p. 7-15) complementa esta idea al afirmar que, para Tomás de Aquino, el hombre es el único ser capaz distinguir entre medios y fines, lo que hace que su acción sea contingente, variada. Por esta razón, él es señor de sus actos y elige si acepta vivir según sus instintos. El hecho de ser llevado por las pasiones, incluso si se decide por algo en la dirección opuesta[40], no elimina del ser

39 Esta constatación tomista se acerca de la legitimación de la justicia divina en Agustín de Hipona, un problema resuelto en el punto anterior.

40 Es importante recordar que el intelecto es la facultad humana más elevada, y Dios usa la inteligencia para mover la voluntad humana. Según Tomás de Aquino, "Dios, sin embargo, ayuda al hombre en su conocimiento intelectual no solo con respecto al objeto que Dios le propone al hombre, ni solo con respecto al aumento de la luz inteligible, sino también con la luz inteligible natural, lo que hace al hombre inteligente. Esta, pues, viene de Dios. Lo ayuda, además, porque Dios es la primera verdad, de la cual toda otra verdad recibe certeza (como las segundas proposiciones reciben de la primera las verdades, en las ciencias demostrativas), sin Él nada puede haber de cierto para la inteligencia humana - como tampoco pueden ser correctas las conclusiones en las ciencias, excepto en virtud de los primeros principios" (AQUINO, 1996, p. 129).

humano el rasgo de la libertad, ya que toda elección se hace por juicio y, en un segundo momento, por su ejecución. Es curioso que incluso el pecado para el pensamiento tomista sea un signo de libertad: no es su objetivo, pero la existencia del pecado presupone la posibilidad de su realización por el comportamiento humano libre. Tomás de Aquino se adhiere al pensamiento de Agustín al darse cuenta de que la causa principal del pecado es la voluntad – "el pecado no existe si la voluntad no es su primer motor. Todas las demás potencias pecan mientras son movidas por ella" (AQUINO, 2002, p. 395).

Al tratar la cuestión del libre albedrío, el pensador cristiano aclara aún más esta constatación al afirmar que "la voluntad tiende naturalmente tanto al bien como a su sujeto, pero a veces tiende al mal, esto es solo porque el mal se propone bajo la especie del bien" (AQUINO, 2015, p. 126). Sin embargo, se aleja de Agustín para ver que la libertad existe primero como una realidad que pertenece a la razón para luego proyectarse en el campo de la voluntad y de la acción. Por lo tanto, en la filosofía tomista, la libertad no puede expresarse únicamente como capacidad de elección entre medios y fines, en una aproximación con un ideal de autonomía o independencia – identificación más común para el comportamiento libre.

TRES ESPECIES DE LIBERTAD

¿Está el hombre dotado de libre albedrío? La pregunta de Tomás en el umbral de la pregunta 83 de la Suma no podría ser más precisa. Su respuesta es positiva, porque hay cosas que actúan sin juicio, como los animales y, por el contrario, los seres humanos que usan su poder cognitivo para juzgar si "huyen de algo o lo buscan". Por lo tanto, "es necesario que el hombre esté dotado de libre albedrío, porque es racional" (AQUINO, 2002, p. 487). Adelante, el autor conceptualiza enfáticamente: el libre albedrío "es la potencia de elección". La libertad del hombre está relacionada con su capacidad de elegir, es decir, con la posibilidad de tener algo en rechazo de otra cosa. Tal albedrío es parte de otras dos potencias humanas: la cognitiva, que indica lo que debería preferirse sobre otras cosas, y la apetitiva que, al desear algo, el sujeto acepta lo que su consejo le ha indicado. Entre estas dos potencias, la elección volitiva es un acto apetitivo, pues puede querer obtener algo no indicado como lo mejor por el buen consejo, como un camino que lleva a los humanos al pecado (AQUINO, 2002, p. 489-492)[41].

Tomás de Aquino profundiza la discusión del tema y describe al menos tres tipos de libertad: libertad de elección, moral y psíquica, y la fundamental. La libertad de elección se ocupa de la discusión sobre el libre albedrío. En la *Suma Teológica*, el autor dirá que las facultades humanas son cognitivas y afectivas, esta última dividida en apetito sensitivo y voluntad. Entre los dos, la voluntad es más perfecta por ser señora de sus actos, es decir, inclinarse a querer o no querer. En la obra "Quaestiones Disputatae de Veritate", Tomás de Aquino argumenta que la libertad de elección tiene dos dimensiones, una positiva y otra negativa. La primera de ellas manifiesta la diversidad de elecciones disponibles para el ser humano en el momento en que realiza cada acto. Por esta razón, es una especie cuya elección indica una "libertad para". La concepción negativa hace explícita la ausencia de factores externos que puedan frustrar el libre actuar; en resumen, una "libertad de". Tal noción es la más elemen-

41 En el afán de aclarar tales cuestiones acerca del acto de la elección, Aquino propone algunas diferenciaciones terminológicas: "conocer implica la simple aceptación de algo. Por eso se dice que los principios son conocidos por sí mismos, sin comparación. Razonar consiste propiamente en pasar del conocimiento de una cosa al conocimiento de otra; donde razonamos adecuadamente acerca de las conclusiones que dejan en claro por los principios. Del mismo modo, por parte del apetito, querer significa el simple deseo de algo, por eso se dice que la voluntad tiene por objeto el fin, deseado por sí mismo. Sin embargo, elegir significa querer una cosa para conseguir otra; por eso, su objeto propio son los medios que llevan al fin" (AQUINO, 2002, p. 493). Es por eso que la voluntad y el libre albedrío son lo mismo, porque querer y elegir se basan en la misma potencia apetitiva (así como conocer y razonar, que son potencias cognitivas).

tal posible en un análisis de la libertad, pero no es la única para Tomás de Aquino.

La segunda especie es la categoría de libertad moral y psíquica. La primera se expresa por el *libertas a peccato et a miseria* y la segunda *libertas a coactione*. Su diferencia es bastante precisa: la libertad moral cambia de acuerdo con los actos que emanan del sujeto, y puede aumentar o disminuir; la psíquica, sin embargo, no cambia, ocurre solo en casos patológicos. A su vez, la libertad fundamental tiene su origen en el acto de ser del alma de los hombres. Es la autonomía del alma que se manifiesta a través de la acción humana emprendida por la razón y la voluntad. Aquino afirma que tanto el hombre como los animales y las plantas tienen almas, pero solo el primero posee inteligencia[42]. El alma es el comienzo de la vida y forma al hombre, le confiere el existir, el vivir y el sentir y se reserva el entender, la capacidad cognitiva (AQUINO, 2002, p. 63). Así, el alma es el *locus* de la inteligencia humana: su autonomía operativa "se basa en su autonomía ontológica, ya que el actuar sigue el ser" (ALVES, 2011, p. 10-11).

El desencadenamiento de un acto volitivo realizado a través de la existencia de opciones libres comienza con un proceso intelectual tomado por el alma. En otras palabras, las operaciones de comprensión y volición (libre albedrío) parten del alma de los hombres. La causa existencial de la libertad, en la filosofía de Tomás de Aquino, es la inteligencia del alma humana que guía la voluntad. En la notable discusión de la cuestión 24 en la que el autor trata el libre albedrío, surge la cuestión de si la libertad humana residía exclusivamente en la voluntad; la respuesta es que solo cuando la voluntad se una a la inteligencia, los hombres serán realmente libres. Los animales actúan instintivamente, y los hombres a través del uso de su razón: esta es la causa de su distinción.

42 Según Tomás de Aquino, en la cuestión 24 de la Suma Teológica, el alma de las plantas es vegetativa, la de los animales es vegetativa y sensible. El alma humana posee ambas facultades, sumadas a su inteligencia, que le es peculiar y lo distingue de los demás seres corpóreos (AQUINO, 2015, p. 56).

En los términos de Aquino:

> El hombre, en virtud de la razón, juzgando sobre las cosas a actuar, puede también juzgar mientras conoce la razón del fin y de lo que está para el fin, y la conformidad de uno con respecto al otro. Y, por lo tanto, no es solo la causa de sí mismo en el moverse, sino también en el juicio; y tiene libre albedrío, como si dijera libre albedrío del juicio en relación con actuar y no actuar. (AQUINO, 2015, p. 56)

Sin embargo, el corolario que sigue a esta constatación es que el libre albedrio y la voluntad están estrechamente relacionados. Aquino pregunta qué fuerza sería superior en el hombre, la inteligencia o la voluntad. Para él, el intelecto es una potencia superior y más noble que la voluntad, ya que puede controlarla y moverla satisfactoriamente. Sin embargo, en ciertas situaciones, si el objeto perseguido por la voluntad es superior al del intelecto centrado en el alma humana, esta superará la razón. Otro hecho importante es que la libertad es la característica principal del alma y resumen de sus posibilidades. Fue conferido por Dios a los seres humanos como "el fruto de la liberalidad divina, que con amor y benevolencia creó por libre disposición. Y lo creó para ser libre Así, fue por la libre disposición que Dios crea a los seres humanos; estos, a su vez, están llamados a vivir la libertad, consolidado en el acto de amar libremente, de ser libres en la caridad. Este es el fundamento de la noción de libertad para Tomás de Aquino.

Según el autor, la caridad es el don más importante, porque "proporciona comunicación y amistad íntima con Dios, fundada en la participación del mismo Dios como objeto de su dicha". El vínculo entre la caridad y Dios es el amor, formado por el acto de "amarlo por ser quien es, Bien Infinito, y querer unirse a Él para participar da su eterna felicidad" (ALVES, 2001, p. 12-14). Es decir, el hombre fue creado para ser libre, y alcanza este estado cuando quiere unirse a Dios. Mientras más hombres deseen amar a Dios por su voluntad, más serán libres. Y al considerar el pecado [43]

43 La noción de pecado se expresa en la Suma Teológica: un acto u omisión voluntaria que contradice el bien en tres esferas: en Dios, en el prójimo o en sí mismo

como una negación de Dios, ¿cuál es su efecto en esta ecuación tomista? Según Alves, el pecado no es una prisión definitiva para la libertad, pero puede dejarse encarcelar: "la voluntad es libre y nadie puede someterla a la esclavitud, pero puede convertirse en esclavo si consiente libremente en pecar" (ALVES, 2011, p. 15).

En resumen, por lo tanto, la libertad para Tomás de Aquino está inscrita en el alma. Es un atributo humano y su medio para la felicidad al permitirle elegir entre Dios y el pecado. Cuanto más ilumine su razón por el creador y sus voluntades hacia él, más libre será el ser humano.

LA LIBERTAD EN LUTERO Y LAS CONSECUENCIAS DE LA REFORMA PROTESTANTE

El análisis de la libertad tanto en Martín Lutero como en Juan Calvino está vinculado a la cuestión de la predestinación. La etimología de la palabra *predestinar* tiene su origen en el griego, *proorízo* (προορίζω), y significa algo determinado de antemano. Este concepto en la teología cristiana designa la doctrina en la que Dios ya ha elegido aquel que se salvará y a los condenados. Al principio, esta discusión adquiere importancia y emerge en la lista de temas metafísicos aún en la época de San Agustín[44]. Según él, la salvación era pura dádiva divina ante la voluntad humana errante. El ser humano, errante en sus elecciones, dependía completamente de la gracia de Dios. La controversia de este argumento se dio ante de la evangelización. Si la salvación depende de Dios, en con-

(AQUINO, 2015, p. 287).

44 Este emblemático tema comenzó una acalorada discusión entre San Agustín y Pelagio. Mientras que el doctor de la Iglesia creía en la predestinación de algunos para la salvación, Pelagio vio la salvación como una recompensa por las obras producidas en el curso de la vida humana. Por lo tanto, todos tienen la habilidad natural de obtener la salvación siempre que sigan los mandamientos divinos. Los pelagianos enfatizaron así el libre albedrío humano en la búsqueda de la gracia divina.

tacto con sus enseñanzas, las personas necesariamente deben obtener la conversión. ¿Cuál es la razón de su no aceptación por parte de algunos hombres? Agustín explica así el esbozo fundamental de la teoría de la predestinación: Dios ya ha elegido algunos para salvarlos y otros para destruirlos, y no hay obras humanas que rompan esta regla[45].

Lutero, por otro lado, no consideró que, por su propio libre albedrío, los hombres pudieran amar a Dios, porque, entre la gracia divina y la naturaleza humana, este último siempre adquiere más importancia en los anhelos humanos, siendo razón y significado para su esclavitud. Para el autor, la existencia del libre albedrío se limitaba a las cuestiones mundanas del interior de los hombres (en la voluntad que podía elegir cualquier cosa), nunca entre el hombre y Dios, una relación formada por el determinismo. En otras palabras, el ser humano delibera libremente sobre las cuestiones de su vida, pero nunca sobre las cuestiones lúgubres, es decir, no hay libertad con respecto a su propia salvación. Con respecto a la relación entre la voluntad y el pecado, Lutero afirma que los hombres, por su propia fuerza, no pueden evitar el pecado. En la ilusión de la libertad, el ser humano se deleita aún más de sus pasiones: la aporía oculta bajo el palio de la incomprensión es que cuanto más iludido de su libertad personal, pero el hombre se embriaga de sus deseos y, en consecuencia, más esclavizado será. Lutero vislumbra la vasta libertad volitiva del ser humano con respecto a las actividades inmanentes.

En el campo de la espiritualidad, establece que los hombres no serían juzgados por sus obras sino por su fe. Por lo tanto, podría ser justi-

45 La teoría de la predestinación es el resultado de la exégesis del capítulo 9º da Carta de Pablo de Tarso a los Romanos, que en los versículos octavo a dieciséis dice que "no son los hijos de la carne que son hijos de Dios, sino los hijos de la promesa es lo que se considerarán como descendientes, [...] incluso antes de que nacieran, y antes de que hubieran hecho el bien o el mal (para que se confirmara la libertad de la elección de Dios, que no depende de las obras, sino de quien llama). [...] Así, la elección no depende del que quiere o del que corre, sino de la misericordia de Dios".

ficado por ella para obtener la salvación[46]. Tal arquetipo predestinatorio es más ameno si en comparación a las tesis de Juan Calvino. En lo que a él respecta, la dependencia humana de la gracia divina es irrestricta, pero solo para aquellos que han sido predeterminados para deshacerse de los grilletes del pecado y obtener la salvación[47]. Es decir, Dios ha elegido a algunos, y los otros ya han sido condenados al martirio eterno, sin posibilidad de alterar este panorama.

Con respecto a la omnipresente cuestión de la libertad, Lutero observa que se puede lograrla en Dios y en su servicio[48]. En su obra *La libertad cristiana*, el pensador propone demostrar que "el cristiano es libre y señor de todas las cosas y no está sujeto a nadie" y, paradójicamente, "es un servio sujeto a la prestación de servicios gratuitos en todo y es sumiso a todos" (LUTERO, 2007, p. 19). De hecho, el autor está tratando de la condición humana en dos dominios distintos: el espiritual y el temporal. Siguiendo el legado cristiano tradicional, Lutero admite que la primera dimensión concierne al ser humano en su realidad interior, el alma, en la que se supone la existencia de la verdadera libertad en su relación con la figura trascendental divina. Para él, en esta relación interna del hombre con Dios, no hay lugar para ningún tipo de obra terrenal, dejando solo los textos bíblicos como un base de la fe y la verdadera vida cristiana. Según el autor, "es solo la fe, sin ningún concurso de obras, lo que confiere justicia, libertad, felicidad" (LUTERO, 2007, p. 25).

46 Esta relación entre la fe y las obras en Lutero se tratará más adelante.

47 Acerca de la noción de predestinación en Juan Calvino, ver: CALVINO. As institutas. San Pablo: Unesp, 2009 (Tomos I y II).

48 Teniendo el proceso de la reforma protestante sobre sus hombros, ya que fue el primero en confrontar a la Iglesia y obtener imponente éxito frente al poder secular en la publicación de sus 95 tesis, se delineará el pensamiento de Lutero, a pesar de la existencia de otros pensadores de la reforma igual importantes, como Juan Calvino, Ulrico Zuinglio, Menno Simons, John Knox, Teodoro de Beza y Enrique VIII.

La libertad cristiana se encuentra en esta justificación soteriológica por la fe en Jesucristo, sin la necesidad de ninguna obra para encontrar la salvación: "si no hace falta ninguna obra, seguramente está libre de todos los mandamientos y todas las leyes; si es desobligado, seguramente es libre. Esta es la libertad cristiana: es solo la fe que crea" (LUTERO, 2007, p. 27). Esta noción justifica la primera afirmación de que el cristiano es libre y no se somete a nadie, porque tal libertad se basa en una relación trascendente entre el individuo mismo y la divinidad. El timo de la realización de obras expiatorias es precisamente hacerlas en beneficio propio, de manera egoísta, cuando deberían dirigirse hacia los demás. Lutero, de esta manera, señala una crítica velada de las prácticas religiosas de su tiempo, atacando la forma en que la Iglesia se había vuelto mezquina y había transformado la práctica de las indulgencias en comercio.

Por otro lado, la segunda dimensión de la vida humana es la física, inmanente, que está presente en el mundo terrenal. Aunque la fe hace posible la libertad, la vida está atada al cuerpo, que es el signo corruptible del pecado. Es en el cuerpo donde se operan las sensaciones, las pasiones y los deseos. Lutero subraya la existencia de esta ambivalencia contenida en el ser, el hombre interior que "vive en armonía con Dios, es alegre y feliz por amor a Cristo", y el hombre en su naturaleza mundana que "descubre en su carne una voluntad rebelde que quiere servir al mundo y tratar de satisfacer sus apetitos" (LUTERO, 2007, p. 37). Si, como se ha dicho, las obras por sí solas no llevan al hombre al encuentro de la libertad, son fundamentales para el control y la purificación del cuerpo mediante la entrega al prójimo. Lutero afirma que "no hacen bueno y justo a un hombre las obras buenas y justas, sino que es el hombre bueno y justo el que hace obras buenas y justas" (LUTERO, 2007, p. 39). En esta medida, las obras no son una forma directa de conquistar la libertad y la salvación, sino que, al convertirse en esclavo para ayudar al prójimo, la salvación se conquista de manera indirecta a través del ejercicio de la caridad: "aunque el cristiano es completamente libre, debe volver el cristiano a ser esclavo voluntariamente para ayudar al prójimo" (LUTERO, 2007, p. 43). Este es el camino indicado por Lutero para las dos cuestiones aparentemente contradictorias: es posible ser siervo en este mundo y libre en su interioridad actuando con caridad, porque el cristiano agrada a Dios y se acerca a él, obteniendo la libertad cristiana.

La teología luterana fue muy bien recibida, en primer lugar, por los monarcas alemanes, habiéndose extendido por toda Europa, especialmente por presentar una clara sección entre las competencias clericales y seculares. Los albores del siglo XVI indicarían la urgencia de llevar a cabo profundas reformas en la Iglesia. Ernst Böckenförde enumera cinco órdenes de problemas que han distorsionado la esencia eclesial del catolicismo a lo largo de los siglos y lo han llevado a eclosionar en una grave crisis institucional: i) la venta de servicios eclesiásticos, religiosos y devocionales; ii) la progresiva acumulación de poder político y secular de los altos cargos de la jerarquía eclesiástica; iii) la mentalidad clerical de que todo lo relacionado con la Iglesia, directa o indirectamente, pertenecía y debía ser ordenado por el clero; iv) un deseo de supervisión en gran medida para obtener recursos financieros que permitan y mantengan una vida de lujo, una realidad muy alejada de la esencia cristiana proclamada por sus primeras comunidades cristianas en los primordios de la Iglesia; v) y la decadencia moral, especialmente de la figura de los Papas (BÖCKENFÖRDE, 2012, p. 457-458). Todos estos factores limitaron en gran medida la acción de los monarcas, que buscaban la delimitación precisa de la autoridad episcopal en la circunscripción territorial de sus reinos.

Lutero, a su vez, legitima la soberanía secular del monarca, añadiendo al fragmento *La autoridad temporal y en qué medida debe ser obedecida* la necesidad de mantener el orden en el mundo terrenal. Según él, "debemos dar una base sólida a la ley y a la espada temporales, para que nadie dude de que es por la voluntad y el orden de Dios que existen en el mundo" (LUTERO, 2007, p. 77). La legitimidad de la ley y de la actuación del soberano encuentra apoyo en la evidencia de que el mundo no está formado sólo por personas buenas y justas. La ley viene a encontrarse con los malos para frenar sus impulsos y mantener la paz. De esta manera, Lutero vacía el poder político episcopal, estableciendo una rígida separación entre la religión y las cuestiones políticas gobernadas por las monarquías. De hecho, tal doctrina separatista protestante, ya sea luterana, zwingliana, calvinista, anglicana o presbiteriana, incurrió en la renuncia de sus adeptos al poder secular papal.

LA SÍNTESIS DE LA CONSTRUCCIÓN DE LA LIBERTAD EN LA EDAD MEDIA Y LA TRANSICIÓN CON LA MODERNIDAD

Según este punto, los dos ámbitos de la libertad conceptualizados por los pensadores de la Grecia clásica sufrieron cambios significativos cuando el mundo antiguo se fundió ante un nuevo arreglo geopolítico que culminó en el sepultamiento de la *polis* de Sócrates, Platón y Aristóteles. El ideal de construcción del hombre libre centrado en la esfera política fue reemplazado, desde los estoicos hasta la escolástica, por la libertad consagrada en la interioridad humana. Su construcción, por lo tanto, se retira de la razón práctica para la teórica.

En las palabras Odílio Alves Aguiar:

> Según la tradición metafísica clásica, el hombre solo es libre cuando está en completa e inefable soledad inherente a la contemplación de lo que es para siempre; es decir, la libertad se relaciona con la compañía de las cosas eternas, lejos de las pasajeras e imperfectas cosas humanas. Es este razonamiento el que ha hecho que la tradición filosófica vincule la política con la necesidad. La dimensión contingencial, mortal, pasajera y la presencia perturbadora de los demás en la *Polis* hicieron que la política se asimilara al campo de las necesidades. El hombre, en esta visión contemplativa, sólo es libre cuando no está en presencia de otros, ni guiado por las exigencias corporales (AGUIAR, 2012, p. 45).

Esto significa que la dignidad humana dejaría de estar relacionada con el espacio público, garantizado por la presencia de otros que, en las mismas condiciones de libertad, atenderían las demandas de interés, es decir, cuestiones que se sitúan "entre" personas y cónyuges[49]. En este pe-

49 La etimología de la palabra interés es exactamente "entre", del latín inter est. Lo que interesaba a los hombres de la polis, es decir, lo que había entre ellos, era la

ríodo de transición entre las concepciones de lo antiguo y lo medieval, se identificaron cuatro momentos importantes. El primer momento es exactamente la transición de la libertad política a la concepción de la interioridad fomentada por el pensamiento estoico. Aunque tales concepciones son diametralmente opuestas – ya que la libertad política se basa en la participación de los ciudadanos mientras que la interior se realiza en la voluntad incrustada de soledad tras la huida del mundo público –, la figura del sabio sigue siendo la única legítima para ser libre. En los estoicos, solo quien tenía el conocimiento necesario podría abstraer las sutilezas del cosmos y ordenar su actuar a partir de esta verdad planteada e incurable. La libertad, basada en el conocimiento de sí mismo y del cosmos, se encontraría en la abstracción y aceptación de los hechos inalterables de la vida.

A lo largo de este período, el descubrimiento de la voluntad como categoría antropológica provocó una revolución en la concepción de la libertad. Esta ruptura entre querer y poder llamada voluntad da lugar a concepciones de libre albedrío, cuestión elemental para los pensadores tanto de la patrística como de la escolástica[50]. Para Agustín de Hipona, personaje cuya filosofía influiría en la Iglesia durante varios siglos, el mal no parte de Dios ni de la libertad, sino que está necesariamente contenido en la volición humana. La ambivalencia de la libertad se encuentra en su uso tanto para la salvación individual, como en ser causa para el pecado y condenación. Su uso adecuado lleva a los seres humanos a de-

posibilidad de la existencia de este espacio dialógico en el que todos eran iguales y libres. Los griegos necesitaban a los demás para la existencia del ágora. Los otros cabezas de familia eran una condición para adquirir el status de libertad.

50 La patrística es una filosofía cristiana de los padres de la Iglesia en los primeros cinco siglos d.C., que busca combatir la incredulidad y el paganismo a través de una apologética de la nueva religión. La escolástica es una forma de pensar del período medieval, y se basa en el intento de conciliar la racionalidad (tradición griega del platonismo y aristotelismo), y la experiencia del contacto directo con la verdad divina revelada por Cristo.

cidir trazar un camino que conduce a Dios, creador del mundo y el pilar de la felicidad. Esto ocurre por la gracia dada a las criaturas, hecha posible por la muerte de Jesucristo en la cruz. Sin embargo, a pesar de haber ofrecido la capacidad de salvación a todos, los hombres no pierden su libre albedrío para elegir por Dios o por el pecado Esta segunda opción ocurre cuando la voluntad, influenciada por los apetitos mundanos, lleva a la criatura al pecado, lo que legitima la acción de la justicia de Dios de separar la paja del trigo, es decir, de aquellos que ordenaron sus vidas para querer a Dios y sufrieron las consecuencias en vida de esta elección y de todos los demás que eligieron la vida de pecado y vicio.

Entre la filosofía de Agustín y Tomás de Aquino hay una interrupción histórica de nueve siglos. Muchos temas tratados por el hiponense todavía estaban de moda en el mundo cristiano, entre ellos la cuestión de la libertad moldeada por la voluntad. Bajo la influencia de Aristóteles, Tomás de Aquino enuncia tres tipos de libertad. La primera de ellas es la libertad de elección, que permite a los seres humanos comprender su libertad como una posibilidad – *liberdade para* – e incluso como ausencia de factores externos impeditivos – *liberdade de*. Luego se trata de la libertad moral y psíquica que se relaciona con la naturaleza fisiológica humana. Finalmente, la libertad fundamental es la que brota del alma humana. Es del alma que se verifica la existencia de la libertad que se basa la voluntad. Por lo tanto, es a partir de esto que parte el juicio de elección entre Dios y el pecado. Siguiendo la tradición patrística, la verdadera felicidad radica en elegir a Dios y perseguir sus designios. Por otro lado, basándose en la tradición cristiana, pero alejándose de la Iglesia, Lutero creía que la libertad se podía alcanzar por la fe, conquista que no dispone de cualquier fundamento con las obras terrenales. Justificados por el sacrificio de Cristo, los hombres deben caridad al prójimo para la purificación de su ser y el encuentro personal con Dios como camino hacia la libertad.

Referencias

ABBAGNANO, Nicola. **Dicionário de Filosofia**. San Pablo: Martins Fontes, 2007.

______, Nicola. **História da Filosofia**. Lisboa, Presença, 2000 (tomo 6).

______, Nicola. **História da Filosofia**. Lisboa, Presença, 2000 (tomo 7).

AGUIAR, Odílio Alves. Necessidade e Liberdade em Hannah Arendt. **Princípios: Revista de filosofia**. Natal: Universidade Federal do Rio Grande do Norte, n. 32, v. 19, p. 35-54, 2012.

ALVES, Anderson Machado Rodrigues. O fundamento da liberdade humana em Santo Tomás de Aquino. **Synesis**, v. 3, n. 2, 1-18, 2011.

AQUINO, Tomás de. **Compêndio de Teologia**. 2 ed. Porto Alegre: EDIPUCRS, 1996.

______, Tomás de. **O Livre-Arbítrio: quaestiones disputatae de veritate**. San Pablo, Edipro, 2015.

______, Tomás de. **Suma Teológica**. San Pablo: Loyola, 2002.

ARENDT, Hannah. **A Condição Humana**. 11 ed. Río de Janeiro: Forense Universitária, 2010a.

______, Hannah. **A Dignidade da Política**. Río de Janeiro: Relume Dumará, 1993.

______, Hannah. A grande tradição. Traducción de Adriano Correia. **O que nos faz pensar**. Río de Janeiro: Cuadernos del Departamento de Filosofía de la PUC-Río, n. 29, p. 273-298, 2011a.

______, Hannah. **A Vida do Espírito**. Río de Janeiro: Relume Dumará, 1995.

______, Hannah. **Entre o Passado e o Futuro**. 7 ed. San Pablo: Perspectiva, 2011b.

______, Hannah. **Sobre a Revolução**. San Pablo: Companhia das Letras, 2011c.

______, Hannah. **Sobre a Violência**. 2 ed. Río de Janeiro: Civilização Brasileira, 2010b.

ARISTÓTELES. **Política**. San Pablo: Nova Cultural, 2000 (Os Pensadores).

______. **Ética a Nicômaco**. 3 ed. San Pablo: Abril, 1984 (Os Pensadores).

AVILLA, Róber Iturriet. **Os dados da riqueza do Brasil e a estrutura tributária**. Disponible en: <http://www.brasildebate.com.br/os-dados-da-riqueza-do-brasil-e-a-estrutura-tributaria/>. Acceso en: 17/07/2017.

BALBACHEVSKY, Elizabeth. Stuart Mill: liberdade e representação. *In* WEFFORT, Francisco C. (org). **Os Clássicos da Política**. San Pablo: 1999.

BARROS, José D'Assunção. Cidade Medieval e Feudalismo – Um Balanço da Questão. **Publicatio UEPG**. Ponta Grossa. N. 16(2), 289-300, 2008.

BAUMAN, Zygmunt. **A liberdade**. Lisboa: Estampa, 1989.

BARROSO, Luís Roberto. **Curso de Direito Constitucional**: os conceitos fundamentais e a construção do novo modelo. 2 ed. San Pablo: Saraiva, 2011

BERLIN, Isaiah. **Quatro Ensaios Sobre a Liberdade**. Brasilia: UNB, 1981.

BLAINEY, Geoffrey. **Uma Breve História do Mundo**. 2 ed. Curitiba: Fundamento, 2007.

BOBBIO, Norberto. **A Era dos Direitos**. Río de Janeiro: Campus, 1992.

______, Norberto; VIROLI, Maurizio. **Diálogo em torno da República**. Río de Janeiro, Campus, 2002.

______, Norberto; MATTEUCCI, Nicola; GIANFRANCO, Pasquino. **Dicionário de política**. 11 ed. Brasilia: UNB, 1998.

______, Norberto. **Direito e Estado no pensamento de Emanuel Kant**. 4 ed. Brasilia: UNB, 1997.

______, Norberto. **Liberalismo e democracia**. 6 ed. San Pablo: Brasiliense, 2007.

______, Norberto. **O Positivismo Jurídico**: Lições de Filosofia do Direito. San Pablo: Ícone, 2006.

______, Norberto. **Teoria Geral da Política**. 20 reimp. Río de Janeiro: Elsevier, 2000.

______, Norberto. **Thomas Hobbes**. Río de Janeiro: Campus, 1991.

BÖCKENFÖRDE, Ernst-Wolfgang. **História da Filosofia do Direito e do Estado: Antiguidade e Idade Média**. Porto Alegre: Sérgio Antonio Fabris, 2012.

BURKE, Peter. **O renascimento italiano: cultura e sociedade na Itália**. San Pablo: Nova Alexandria, 1999.

CANOTILHO, J. J. Gomes. **Direito Constitucional e Teoria da Constituição**. 7 ed. Coímbra: Almedina, 2003.

CASARIN, Júlio César. Isaiah Berlin: afirmação e limitação da liberdade. **Revista de Sociologia e Política**, Curitiba, v. 16, n. 30, p. 283-295, 2008. Disponible en: <>. Acceso en: 17/07/2017.

CATECISMO DE LA IGLESIA CATÓLICA. Disponible en: <>. Acceso en 17/07/2017.

CHÂTELET, François; DUHAMEL, Olivier; PISIER-KOUCHNER, Evelyne. **História das Ideias políticas**. 2 ed. Río de Janeiro: Jorge Zahar, 2009.

CICERÓN. **Da República**. Bauru: Edipro, 1995.

CONSTANT, Benjamin. **Da Liberdade dos Antigos Comparada à dos Modernos**. Revista de Filosofia Política, Porto Alegre, n. 02, p. 1-7, 1985. Disponible en: <http://caosmose.net/candido/unisinos/textos/benjamin.pdf>. Acceso en: 17/07/2017.

______, Benjamin. **Escritos de Política**. San Pablo: Martins Fontes, 2005.

COIMBRA, David. **Uma História do Mundo**. Porto Alegre: L&PM, 2012.

CONSEIL CONSTITUTIONNEL. **Les Constitutions De La France**. Disponible en: <http://www.conseil-constitutionnel.fr/conseil-constitutionnel/francais/la-constitution/les-constitutions-de-la-france/les-constitutions-de-la-france.5080.html>. Acceso en: 17/07/2017.

CONSTITUTION SOCIETY. **Declaration of Taking Up Arms**: Resolutions Of The Second Continental Congress. *In*. Disponible en: <http://www.constitution.org/bcp/ takuparm.htm#001>. Acceso en: 17/07/2017.

COSTA, Emília Viotti da. **Da monarquia à república: momentos decisivos**. 7 ed. San Pablo: UNESP, 1999.

CREVELD, Martin Van. **Ascensão e declínio do Estado**. San Pablo: Martins Fontes, 2004.

DAHL, Robert. **Sobre a Democracia**. Brasilia: UNB, 2001.

DALL'AGNOL, Darlei. O igualitarismo liberal de Dworkin. **Kriterion**, Belo Horizonte, v. 46, n. 111, p. 55-69, Jun/2005. Disponible en: <http://www.scielo.br/pdf/kr/v46n111/ v46n111a05.pdf>. Acceso en: 17/07/2017.

DAVIDSON, Paul. Colocando as evidências em ordem: macroeconomia de Keynes versus velho e novo keynesianismo. *In* LIMA, Gilberto Tadeu; SICSÚ, João; DE PAULA, Luiz Fernando. **Macroeconomia moderna: Keynes e a Economia Contemporânea.** Río de Janeiro: Campus, 1999.

DELEUZE, Gilles. **A Filosofia Crítica de Kant**. Lisboa: Edições 70, 2009.

DEUTSCHER BUNDESTAG. **Lei Fundamental da República Federal da Alemanha**. Disponible en: <https://www.btg-bestellservice.de/pdf/80208000.pdf >. Acceso en: 17/07/2017.

DURANT, Will. **A História da Filosofia**. San Pablo: Nova Cultural, 2000.

DWORKIN, Ronald. **A Justiça de Toga**. San Pablo: WMF Martins Fontes, 2010. (biblioteca jurídica WMF)

______, Ronald. **A Virtude Soberana: A Teoria e a Prática da Igualdade**. San Pablo: Martins Fontes, 2005. (justiça e direito)

______, Ronald. **Domínio da vida: aborto, eutanásia e liberdade**. San Pablo: Martins Fontes, 2009.

______, Ronald. **Levando os Direitos a Sério**. San Pablo: Martins Fontes, 2002. (justiça e direito)

______, Ronald. **Uma Questão de Princípio**. 2 tir. San Pablo: Martins Fontes, 2001. (justiça e direito)

FASSO, Guido. **Historia De La Filosofía del Derecho: La Edad Moderna**. Madrid, Pirámide, 1982.

______, Guido. **Storia Della Filosofia del Diritto: L'Età Moderna**. Roma: Laterza, 2012.

FERRAZ, Octávio Luiz Motta. Justiça Distributiva para Formigas e Cigarras. **Novos Estudos - CEBRAP**, San Pablo, n. 77, p. 243 253, Mar. 2007. Disponible en: <http://www.scielo.br/scielo.php?script=sci_arttext&pid=S0101-33002007000100013&lng=en&nrm=iso>. Acceso en: 17/07/2017.

FERRAJOLI, Luigi. **A Soberania no Mundo Moderno**. San Pablo: Martins Fontes, 2007.

______, Luigi. **Principia Iuris: Teoría Del Derecho y de La Democracia.** Madrid: Trotta, 2007 (V. 01: Teoría Del Derecho).

______, Luigi. **Principia Iuris: Teoria Del Diritto e Della Democrazia**. Roma: Laterza, 2009 (V. 02: Teoria Della Democrazia).

FREUND, Julien. **Sociologia de Max Weber**. 5 ed. Río de Janeiro: Forense Universitária, 2003.

FOUCAULT, Michel. **Em Defesa da Sociedade**. 3 ed. San Pablo: Martins Fontes, 2010

GILSON, Éttiene. **Introdução ao estudo de Santo Agostinho**. San Pablo: Paulus, 2006.

GORENDER, Jacob. O Nascimento do materialismo histórico. *In* MARX, Karl; ENGELS, Friedrich. **A Ideologia Alemã**. San Pablo: Martins Fontes, 2001.

GOYARD-FABRE, Simone. **Os princípios filosóficos do direito político moderno**. San Pablo: Martins Fontes, 2002.

______, Simone. **John Locke Et La Raison Raisonnable**. Paris: Librairie Philosophique J. VRIN, 1986.

GRAU, Eros Roberto. **Ensaio e Discurso Sobre a Interpretação/Aplicação do Direito**. Malheiros, 2003.

HAYEK, Friedrich August Von. **Direito, Legislação e Liberdade**: Uma nova formulação dos princípios liberais de justiça e economia política. San Pablo: Visão, 1985 (tomo 2)

______, Friedrich August Von. **O Caminho da Servidão**. San Pablo: Instituto Von Mises, 2010.

HESSE, Konrad. **A Força Normativa da Constituição**. Porto Alegre: Sérgio Antonio Fabris, 1991.

IHERING, Rudolf Von. **A Luta pelo Direito**. 23 ed. Río de Janeiro, Forense, 2004.

HIRST, Paul. **A democracia representativa e seus limites**. Río de Janeiro: Jorge Zahar, 1992.

HOBBES, Thomas. **Leviatã**. San Pablo: Nova Cultural, 1997. (Os Pensadores)

HOBSBAWN, Eric. **Da Revolução Inglesa ao Imperialismo**. Río de Janeiro: Forense, 1978.

JAEGER, Werner. **Paideia: a formação do homem grego**. San Pablo: Martins Fontes, 1995.

JUNIOR, Tércio Sampaio Ferraz. **Estudos de Filosofia do Direito**: reflexões sobre o Poder, a Liberdade, a Justiça e o Direito. San Pablo: Atlas, 2002

KANT, Immanuel. **A Metafísica dos Costumes: A Doutrina do Direito e a Doutrina da Virtude**. Bauru: EDIPRO, 2003.

KELSEN, Hans. **Jurisdição Constitucional**. San Pablo: Martins Fontes, 2007.

______, Hans. **Teoria Geral do Direito e do Estado**. San Pablo: Martins Fontes, 2000.

______, Hans. **Teoria Pura do Direito.** 6 ed. San Pablo: Martins Fontes, 2000b.

KEYNES, John Maynard. **A Teoria Geral do Emprego, do Juro e da Moeda**. San Pablo: Nova Cultural, 1996 (Os Economistas).

______, John Maynard. **The end of laissez-faire**. Disponible en: http://www.panarchy.org/keynes/laissezfaire.1926.html. Acceso en: 17/07/2017.

______, Immanuel. **Fundamentação da Metafísica dos Costumes**. San Pablo: Discurso Editoral: Barcarolla, 2009.

LARENZ, Karl. **Metodologia da Ciência do Direito**. 3 ed. Lisboa: Calouste Gulbenkian, 1997.

LE GOFF, Jacques. **A civilização do ocidente medieval**. 2 ed. Lisboa: Estampa, 2005 (tomo I)

LENZ, Sylvia Ewel. Jean Bodin: As premissas de um Estado Soberano. **Mediações** – UEL. Londrina. N. 1. Tomo 9. 119-134. 2004.

LOCKE, John. **Dois tratados sobre o governo**. San Pablo: Abril Cultural, 1973 (Os Pensadores).

______, John. **Dois tratados sobre o governo**. 2ª ed. San Pablo: Martins Fontes, 2005.

LOPES, Marco Antônio. **Mestres do passado: clássicos da sabedoria política moderna**. Londrina: EDUEL, 2009.

LUTERO, Martín. **A liberdade do cristão**. San Pablo: Escala, 2007.

MAQUIAVELO, Nicolau. **Comentários Sobre a Primeira Década de Tito Lívio**. 2 ed. Brasilia: UNB, 1979.

______, Nicolau. **O Príncipe**. San Pablo: Martins Fontes, 2001.

MARRAFON, Marco Aurélio; FILHO, Ilton Norberto Robl. Constituição e efetividade dos direitos fundamentais: caminhos para superação da perspectiva tradicional do direito constitucional brasileiro a partir do princípio da factibilidade e do desenvolvimentismo. *In* **Constituição, Economia e Desenvolvimento**: Revista da Academia Brasileira de Direito Constitucional. Curitiba, 2014, tomo 6, n. 11, Jul.-Dic. p. 278-297.

MARTINS, Marcelo Bueno. Medo e Liberdade no Pensamento de Thomas Hobbes. ***Primus Vitam*** – Mackenzie. San Pablo. N. 1. 2010.

MARUYAMA, Natalia. Liberdade, Lei Natural e Direito Natural em Hobbes: Limiar do Direito e da Política na Modernidade. **Trans/Form/Ação**, San Pablo. N. 32(2): 45-62. 2009.

MARX, Karl. **A Ideologia Alemã**. San Pablo: Boitempo, 2007.

______, Karl. **O capital: crítica da economia política**. San Pablo: Boitempo, 2014 (Libro 1: o processo de produção do capital).

______, Karl. **Liberdade de Imprensa**. Porto Alegre: L&PM, 2006.

MATTEI, Lauro. **Teoria do valor-trabalho: do ideário clássico aos postulados marxistas**. Ensaios FEE, Porto Alegre. V. 24, n. 1, p. 271-294. 2003.

MILL, John Stuart. **A sujeição das Mulheres**. San Pablo: Escala, 2006.

______, John Stuart. **Sobre a Liberdade**. San Pablo: Ibrasa, 1963.

MIRANDA, Jorge. **Manual de Direito Constitucional: Tomo IV Direitos Fundamentais.** 2 ed. Coímbra: Coímbra, 1998.

MIRANDA, Pontes de. **História e Prática do Habeas Corpus**. Campinas: Bookseller, 1999.

MISSIO, Fabrício Jose; OREIRO, Jose Luis. Equilíbrio com Desemprego Involuntário em um Modelo de Ciclo-Limite. **EconomiA**, Brasilia (DF), v. 9, n. 3, p. 545-575, sep/dic 2008.

MONTESQUIEU. **O Espírito das Leis**. San Pablo: Nova Cultural, 1973. (Os Pensadores)

MORRISON, Wayne. **Filosofia do Direito: dos Gregos ao Pós-Modernismo**. San Pablo: Martins Fontes, 2006.

NASCIMENTO, Amauri Mascaro. **Curso de Direito do Trabalho**. 15 ed. ver. y actual. San Pablo: Saraiva, 1998.

NOZICK, Robert. **Anarquia, Estado e Utopia**. San Pablo: WMF Martins Fontes, 2011.

NUNES, Antonio José Avelãs. **A filosofia social de Adam Smith**. Prima Facie International Journal. João Pessoa. V. 4, n. 6. 2005. Disponible en: <http://periodicos.ufpb.br/ojs/index. php/primafacie/article/view/4503>. Acceso em: 17/07/2017.

______, Antonio José Avelãs. **Introdução á História da Ciência Econômica e do Pensamento Econômico**. Coímbra, Universidade de Coimbra, 2007.

______, Antonio José Avelãs. **Uma Introdução à Economia Política**. San Pablo: Quartier Latin, 2007a.

______, Antonio José Avelãs. **Uma Volta ao Mundo das Ideias Económicas: Será a Economia uma Ciência?** Coímbra: Almedina, 2008.

OLIVEIRA, Flávio dos Santos. Sobre a origem e função precípua do governo na concepção dos contratualistas, David Hume e Adam Smith. *In* **Constituição, Economia e Desenvolvimento**: Revista da Academia Brasileira de Direito Constitucional. Curitiba, 2014, v. 6, n. 10, Ene-Jun. p. 69-85.

ORGANIZACIÓN INTERNACIONAL DEL TRABAJO. **Mulheres ganham em média 77% do salário dos homens**. Disponible en: http://www.unmultimedia.org/radio/portuguese/ 2015/03/mulheres-ganham-em-media-77-do-salario-dos-homens/#.VTekedJViko. Acceso en: 17/07/2017.

PARLIAMENT UK. **The Reform Acts and representative democracy**. Disponible en: <http://www.parliament.uk/about/living-heritage/evolutionofparliament/houseofcommons/ reform acts/overview/>. Acceso en: 17/07/2017.

PLATÓN. **A República**. 13 ed. Lisboa: Calouste Gulbenkian, 2012.

PIÇARRA, Nuno. **A separação dos poderes como doutrina e princípio constitucional**. Coímbra: Editora Coimbra, 1989.

PIKETTY, Thomas. **A Economia da Desigualdade**. Río de Janeiro, Intrínseca, 2015.

______, Thomas. **O Capital no Século XXI**. Río de Janeiro: Intrínseca, 2014.

PINHEIRO, Marcus Reis. Determinismo, Liberdade e Astrologia nos Estoicos. **História, imagem e narrativas**. San Pablo. N. 10, Edición Especial, 2010. Disponible en: <http://www.historiaimagem.com.br>. Acceso en: 17/07/2017.

POSNER, Richard. **Problemas de Filosofia do Direito**. San Pablo: Martins Fontes, 2007. (Justiça e Direito)

QUIRINO, Célia Galvão. Tocqueville: Sobre a Liberdade e a Igualdade. *In* WEFFORT, Francisco C. (org). **Os Clássicos da Política**. San Pablo: 1999.

RADICE, Roberto. Introduzione. *In* **Stoici Romani Minori**. Milano: Edizione Bompiani, 2008.

RAWLS, John. **Conferência sobre a História da Filosofia Política**. San Pablo, 2012.

______, John. **Uma Teoria da Justiça**. 3 ed. San Pablo: Martins Fontes, 2008.

REALE, Giovanni; ANTISERI, Dario. **História da filosofia: patrística e escolástica**. San Pablo: Paulus, 2003.

REZENDE, Cyro. **História Econômica Geral**. 8 ed. San Pablo: Contexto, 2005.

ROSS, David. **Aristóteles**. Lisboa: Dom Quixote, 1987.

ROUSSEAU, Jean-Jacques. **Contrato Social**. 4 ed. San Pablo: Nova Cultural, 1987 (Os Pensadores).

______, Jean-Jacques. **Discurso Sobre a Origem e os Fundamentos da Desigualdade Entre os Homens**. Río de Janeiro: Ediouro, 1994.

SAN AGUSTÍN. **Diálogo sobre o livre arbítrio**. Edición bilíngüe. Lisboa: Imprensa Nacional, 2001.

SCHELLING, F. W. J. **Investigações Filosóficas Sobre a Essência da Liberdade Humana**. Lisboa: Edições 70, 1993.

SCHMITT, Carl. **O Conceito de Político / Teoria do Partisan**. Belo Horizonte, Del Rey, 2009.

______, Carl. **O Guardião da Constituição**. Belo Horizonte: Del Rey, 2007.

______, Carl. **Teoría de La Constitución**. Madrid: Alianza Editorial, 1996.

SEN, Amartya. **A Ideia de Justiça**. San Pablo: Companhia das Letras, 2011.

______, Amartya; KLIKSBERG, Bernardo. **As pessoas em primeiro lugar**: a ética do desenvolvimento e os problemas do mundo globalizado. San Pablo: Companhia das Letras, 2010.

______, Amartya. **Desenvolvimento como Liberdade**. San Pablo: Companhia das Letras, 2000.

______, Amartya. **Desigualdade Reexaminada**. Río de Janeiro: Record, 2001.

______, Sen. Justiça, esperança e pobreza. *In* WOLF, Eduardo (org). **Pensar a Filosofia**. Porto Alegre: Arquipélago Editorial, 2013.

______, Amartya. Markets and Freedoms: Achievements and Limitations of the Market Mechanism in Promoting Individual Freedoms. **Oxford Economic Papers.** Oxford, New Series, v. 45, n. 4, p. 519-541, oct 1993. Disponible en: <>. Acceso en: 17/07/2017.

______, Amartya. **Sobre Ética e Economia**. San Pablo: Companhia das Letras, 1999.

______, Amartya. How to Judge Globalism. **The American Prospect**. 2002; special supplement (Winter). Disponible en: https://prospect.org/article/how-judge globalism. Acceso en: 17/07/2017.

______, Amartya. Trabajo y Derechos. **Revista Internacional del Trabajo**. Genebra, vol. 132, jan 2013 (número extraordinario: La Revista Internacional Del Trabajo y la OIT Fragmentos De Su Historia). Disponible en: http://ilo.ch/public/spanish/revue/download/ pdf/sen.pdf. Acceso en: 17/07/2017.

SILVA, José Afonso da. **Curso de Direito Constitucional**. 25 ed. San Pablo: Malheiros, 2005.

SILVEIRA, Denis Coitinho. Posição original e equilíbrio reflexivo em John Rawls: o problema da justificação. *In* **Trans/Form/Ação**, San Pablo, 32(1): 139-157, 2009. Disponible en: <http://www2.marilia.unesp.br/revistas/index. php/transformacao/article/view/999>. Acceso en: 17/07/2017.

SKORUPSKI, John. **Arguments of The Philosophers: John Stuart Mill**. Nueva York: Routledge, 1989.

SMITH, Adam. **A riqueza das Nações**. San Pablo: Martins Fontes, 2013.

STANFORD Encyclopedia of Philosophy. **Robert Nozick's Political Philosophy**. Disponible en: <http://plato.stanford.edu/entries/nozick-political/#JusHol>. Acceso en: 17/07/2017.

STRAUSS, Leo; CROPSEY, Joseph. **História da Filosofia Política**. Río de Janeiro: Forense, 2013.

STRECK, Lenio. **Hermenêutica Jurídica e(m) Crise**: uma Exploração Hermenêutica da Construção do Direito. 10 ed. rev. actual y ampl. Porto Alegre: Livraria do Advogado, 2011.

______, Lenio. **Jurisdição Constitucional e Hermenêutica**. 2 ed. rev. y actual. Río de Janeiro: Forense, 2004.

THE CHARTERS OF FREEDOM. **Constitution of the United States**. Disponible en: <http://www.archives.gov/exhibits/charters/constitution_ transcript.html>. Acceso en: 17/07/2017.

Thiry-Cherques, Hermano Roberto. Max Weber: o processo de racionalização e o desencantamento do trabalho nas organizações contemporâneas. Río de Janeiro: **Revista de Administração Pública da FGV.** 43(4): p. 897-918, JUL./AGO. 2009.

TOCQUEVILLE, Alexis de. **A Democracia na América**. 2 ed. San Pablo: Martins Fontes, 2005 (tomo 1 – Leis e Costumes).

UNICEF. **Situação Mundial da Infância 2008.** Disponible en: <http://www.unicef.org/ brazil/sowc2008final/cap1-dest8.htm>. Acceso en: 17/07/2017.

UNITED NATIONS. **The State of Food Insecurity in the World**. Roma: FAO, 2015. Disponible en: <http://www.fao.org/hunger/es/>. Acceso en: 17/07/2017.

UNIVERSIDADE FEDERAL DE MINAS GERAIS. **Lei Le Chapelier (1791)**. Traducción de Luiz Arnaut. Disponible en: <http://www.fafich.ufmg.br/ hist_discip_grad/LeiChapelier.pdf>. Acceso en: 17/07/2017.

WEBER, Max. **Economia e Sociedade**. Brasília: UNB, San Pablo: Imprensa Oficial, 2004.

WERLE, Denílson Luis. A ideia de justiça e a prática da democracia. **Novos estudos - CEBRAP**, San Pablo, n. 92, p. 153-161, Mar. 2012. Disponible en: <http:// http://www.scielo.br/pdf/nec/n92/n92a11.pdf>. Acceso en: 17/07/2017.

______, Denilson Luis. O liberalismo contemporâneo e seus críticos. *In* **Manual de Filosofia Política**. 2 ed. San Pablo: Saraiva, 2015.

YALE LAW SCHOOL – The Avalon Project. **The Federalist Papers**. Disponible en: http://avalon.law.yale.edu/18th_century/fed15.asp . Acceso en: 17/07/2017.